Texte Jean-Louis André
Rezepte Jean-François Mallet
Fotos Jean-Daniel Sudres

Frankreich
Eine kulinarische Reise

Rezepte, Geschichten
Land & Leute

DROEMER

Inhalt

Ein Streifzug durch die Küche der Regionen   7

Der Nordwesten   10
Hummer à l'armoricaine   12
Seezunge auf normannische Art in Dieppe   18
Crêpes und Galettes aus der Bretagne   26
Apfeltarte aus der Normandie   36
Traditionelle Rezepte aus dem Nordwesten   44

Der Nordosten   46
Muscheln mit Pommes frites im Norden   48
Überbackene Zwiebelsuppe in Paris   56
Sauerkraut im Elsass   62
Traditionelle Rezepte aus dem Nordosten   70

Das Zentrum   72
Bœuf bourguignon im Charolais   74
Stockfisch im Aveyron   82
Aligot und truffade in der Auvergne   90
Eintopf in der Auvergne   98
Traditionelle Rezepte aus dem Zentrum   106

Der Südosten   108
Bouillabaisse in Marseille   110
Fondue in Savoyen   118
Huhn à la crème aus der Bresse   126
Pissaladière in Nizza   134
Fiadone aus Korsika   142
Traditionelle Rezepte aus dem Südosten   150

Der Südwesten   152
Cassoulet in Castelnaudary   154
Confit im Gers   162
Poule au pot im Béarn   170
Gemüse à la basquaise   178
Traditionelle Rezepte aus dem Südwesten   186

Adressen   188
Rezeptregister   190
Französisches Register   191
Danksagungen und Impressum   192

Ein Streifzug durch die Küche
der Regionen

In diesem Buch finden sich rund zwanzig Gerichte, und ebenso viele Geschichten dazu, Gesichter, Gesten, Kniffe, Rituale und tausendfach abgewandelte Rezepte. Bei unserer Suche waren wir nicht den ausgefallensten Spezialitäten oder lokalen Besonderheiten auf der Spur, im Gegenteil. Wir haben uns von den in Frankreich seit ewigen Zeiten kursierenden »kulinarischen Postkarten« anregen lassen, die mittlerweile etwas in die Jahre gekommene Abbildungen von typischen Gerichten mit den dazugehörigen Rezepten auf der Rückseite zu einem unverkennbaren Kartengruß kombinieren. Wir

haben die Betreiber jener Landgasthöfe aufgesucht, in deren Tagesgerichten der örtliche Dialekt zum Zuge kommt. Wir haben Mütter und Großmütter nach ihren Küchengeheimnissen befragt. Wir haben uns von der Begeisterung eines Bauern mitreißen lassen, der seine Kartoffeln mit Trüffeln vergleicht, und einem Züchter nachempfunden, der seine Butter und seine Sahne auf einer Stufe mit Kaviar ansiedelt. Wir haben die Klassiker der französischen Küche mit Gesichtern verbunden.

Zwanzig Gerichte für ein Land, das ist viel und wenig zugleich. Wenig, wenn man an die Besonderheiten jeder einzelnen Region denkt, an die verschiedenen Schulen und deren um Orthodoxie bemühte Propheten. Die Schwerpunkte aber traten rasch zutage. Nehmen wir nur die *poule au pot*, gefülltes Huhn, zu dem zwingend der Zusatz *béarnaise*, »nach Bearner Art«, gehört. Das Prinzip aber, das darin besteht, Fleisch und Gemüse zusammen im Topf zu garen, ist uralt. Im Grunde ist das Lieblingsgericht von Heinrich IV. der Cousin des Auvergner Eintopfes, der wiederum gar nicht so weit von der Marseiller Bouillabaisse entfernt ist. Solcherlei

Linke Seite
Eine Bouillabaisse auf der Terrasse der *Grand Bar des Goudes* in Marseille.

Links
Kohl ist der Hauptbestandteil des Auvergner Eintopfes.

Mit einer künstlichen Grenzziehung hat man es auch zu tun, wenn die Regionalküche einer mehr oder weniger bürgerlichen, ja aristokratischen Kunst gegenübergestellt wird, deren Regeln angeblich zu Zeiten Escoffiers festgeschrieben wurden. In Wirklichkeit aber geht beides ineinander über. Die berühmte Seezunge auf normannische Art etwa ist ein klassisches Lehrgericht der Hotelfachschulen, das vermutlich im 19. Jahrhundert von Pariser Gastronomen kreiert wurde. Zu ihr gehören indes auch die originalen Zutaten, und so kommt es, dass man sie in Restaurants entlang der normannischen Küste wiederentdeckt, während sie in der Hauptstadt nicht mehr à la mode ist.

Die nachfolgenden Seiten machen den Leser mit all diesen traditionellen Gerichten bekannt. Weil die Küche jedoch von den erwähnten Erkundungstouren lebt und sich naturgemäß stets wandelt, haben wir auch die größten Küchenchefs konsultiert und gebeten, ausgehend von diesem landläufigen, tief verwurzelten Grundstock zu improvisieren und nach Belieben Neues zu kreieren. Und schließlich haben wir uns mithilfe von Jean-Daniel Sudres und Jean-François Mallet selbst aufgemacht und eigene Rezepte entwickelt, zur Abrundung dieser kulinarischen Reise in Raum und Zeit.

fließende Übergänge sind nicht weiter verwunderlich, ging es doch hier wie dort ursprünglich darum, ein oft frugales Mahl in ein Festessen zu verwandeln. Die rigorosen Verfechter der wiederentdeckten Regionalküche mögen darüber erzürnt sein. Aber die Dinge sind, wie sie sind. Unsere Küche ist geprägt vom Austausch, von Mixturen und Überschneidungen. Um sich davon zu überzeugen, muss man nur einen Blick auf die Zutaten werfen, von denen man meinen möchte, sie seien immer schon da gewesen. Buchweizen, ohne den jede Aussicht auf eine Crêpe rund um Quimper hinfällig wäre, kam mit den Kreuzzügen direkt aus dem Orient. Stockfisch, dem sich das *estofinado* in Decazeville verdankt, führt über den Lot und den Atlantik hinauf zu den Kabeljaufischern Norwegens. Zum Hummer in Lorient, zur Bouillabaisse in Marseille gehören Gewürze, mit denen weit gereiste Seeleute Handel trieben. Die baskische *piperade* verlangt nach Paprika, die die Konquistadoren einst aus Amerika mitbrachten. Wie auch Tomaten – das Paradestück der mediterranen Küche –, Mais, ohne den ein Gänseleber-Confit nicht wäre, was es ist, oder Bohnen.

Rechts
Das Brionnais ist die Heimat des Charolais-Rinds.

Oben
In der Auvergne: Der Käse wird in Form gebracht.

Unten
Kartoffel-Tarte

Nordwesten

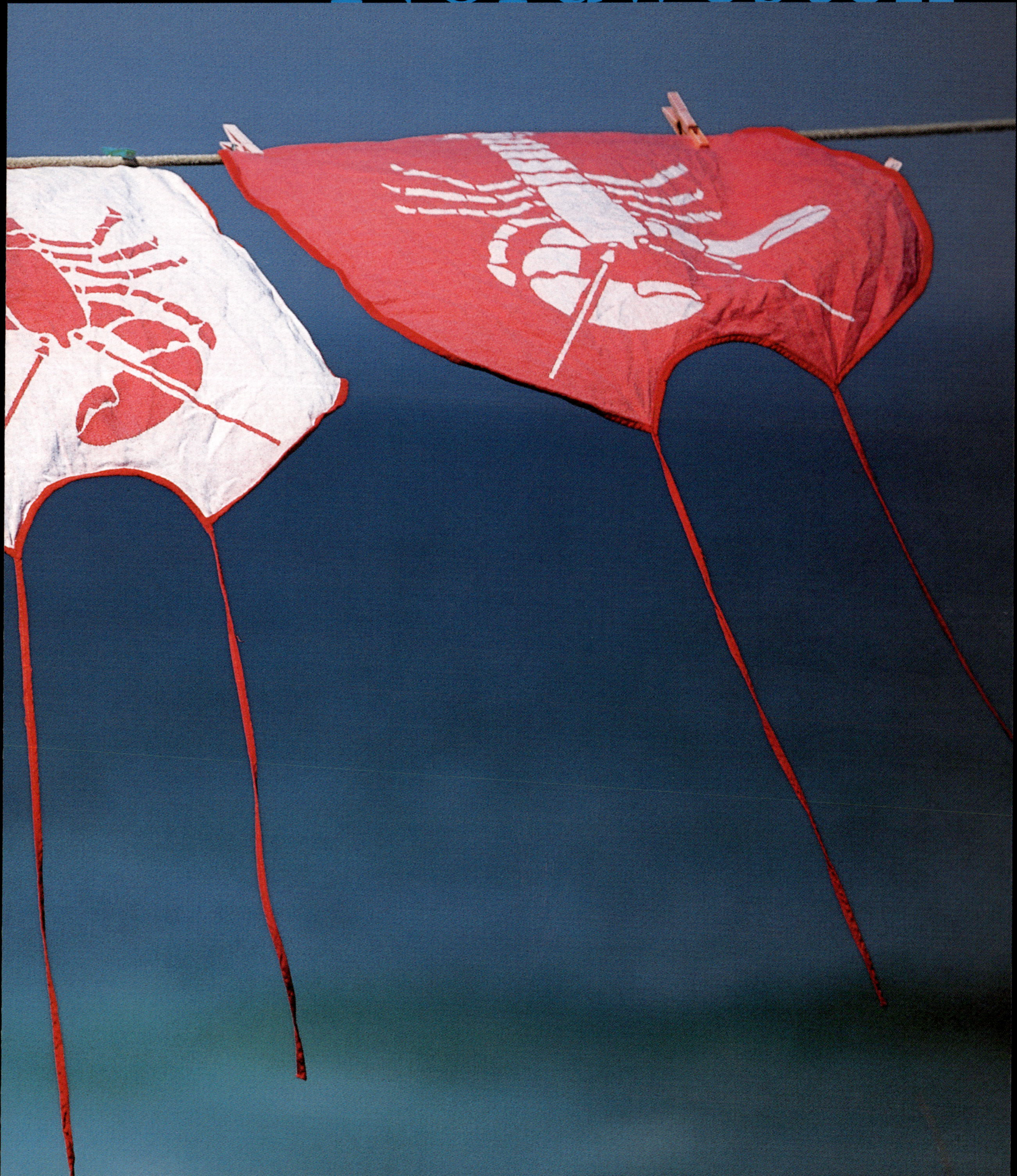

Nordwesten

Hummer
à l'armoricaine

Armoricaine, nach dem gleichnamigen bretonischen Küstenstrich, oder *américaine*, amerikanisch, – die Frage ist noch immer ungeklärt. Doch eins ist klar: Der Hummer aus der Bretagne ist nach wie vor unübertroffen. Seit Jahrhunderten schon wird er auf der Halbinsel zubereitet, im Kessel oder als Ragout, und bisweilen werden ohne weiteres auch Gewürze aus dem Orient beigemischt.

Oben
Der in den Tiefen des Ozeans blaue Hummer färbt sich beim Kochen rot, weswegen er auch »Kardinal der Meere« genannt wird.

Rechts
Entlegene Anglerbehausung an der Nordküste der Bretagne.

Der Ruf des bretonischen Hummers war nie in Frage gestellt. Schon früh erwarb er sich Meriten und trat seinen Siegeszug auch am französischen und englischen Hof an, während der *Gazetin du comestible* seiner Pariser Leserschaft im Jahr 1767 noch empfahl, sich diesen »Meereskrebs fertig gekocht« kommen zu lassen. Den »Kardinal der Meere«, wie ihn im 19. Jahrhundert der Chronist Monselet in Anlehnung an das kräftige Rot genannt hatte, das der Panzer des Schaltiers beim Kochvorgang annimmt, wollte Paris bald schon nicht mehr missen. Ein Zeugnis dieser schönen alten Zeit findet sich noch heute in der Nähe von Lorient. Es handelt sich um alte Hummerbecken aus den dreißiger Jahren, die zu dem ausgesprochen pariserischen Feinschmeckerlokal *Prunier* gehörten. Damals waren diese direkt am Wasser in den Fels geschlagenen Bassins, durch die sich Mauern, Tunnel und Schleusen zogen, eine richtiggehende Produktionsstätte, deren Inhalt zu jeder Jahreszeit die ebenso zahlreichen wie anspruchsvollen Gourmets restlos zufrieden stellen sollte.

Während die verehrten Krustazeen mit großem Prunk exportiert wurden, begab sich im Gegenzug manch ein Gastronom zur Verköstigung direkt vor Ort. In Riec-sur-Belon nahe Pont-Aven etwa bestritt das Restaurant *Chez Mélanie* das kulinarische Rahmenprogramm der Goldenen Zwanziger. Mitte der siebziger Jahre musste es schließen, weil sich kein Nachfolger fand. Seine Spezialität: Hummer, den Mélanie, eine einfache Bäuerin, stets mit Spitzenhäubchen im Haar servierte. Für ihr Hummerragout nahmen der »Feinschmeckerfürst« Curnonsky, der ein großer Freund der Dame des Hauses war, Colette und später auch Georges Pompidou etliche Male eine längere Anreise in Kauf.

> *»Der Hummer besitzt das, was die Pariser an der Bretagne lieben: Er hat eine gute Prise Jod in sich, ist hart gesotten und versorgt einen mit den Gaumenfreuden des Meeres.«*

In den sechziger und siebziger Jahren des 20. Jahrhunderts konnte mithilfe schnellerer Transportmittel und moderner Kühlsysteme auch kanadischer und nordamerikanischer Hummer importiert werden. Der Ruf der Bretagne aber wurde dadurch nur bekräftigt: Nach wie vor gibt es keinen Hummer, der es geschmacklich mit den Exemplaren aufnehmen könnte, die entlang den Côtes-d'Armor oder der Côte de Cornouaille gefangen werden.

Hummer à l'armoricaine

Für 6 Personen
Vorbereitung: 45 Minuten
Garzeit: 1 Stunde 10 Minuten

6 lebende bretonische Hummer à 900 g
100 g leicht gesalzene Butter
5 Schalotten
2 Zweige Estragon
3 Tomaten
100 ml Olivenöl
3 EL Cognac
1 *bouquet garni* (Gewürzsträußchen aus
1 Zweig Thymian, 2 Stängel Petersilie
und 1 Lorbeerblatt)
Salz, Pfeffer
2 EL Mehl
4 EL Tomatenmark
250 ml Weißwein
250 ml Fischfond
250 g Crème fraîche

1- Die Hummer 5 Minuten in kochendes Wasser tauchen. Kopf und Schwanz vom Körper abtrennen. Die cremige Substanz vom Kopf (den Corail) mit einem Teelöffel herausnehmen und mit der Butter vermengen.

2- Die Schalotten abziehen und klein hacken. Den Estragon waschen, die Tomaten in größere Stücke schneiden. Das Olivenöl in einem großen Topf erhitzen. Die Hummerköpfe im heißen Öl anbraten. Mit Cognac flambieren und Schalotten, Tomaten, *bouquet garni* und Estragon dazugeben.

3- Salzen und pfeffern. Die Köpfe im Topf mit einem Mörser zerdrücken. Bei schwächerer Hitze 5 Minuten kochen, dabei ständig umrühren. Mehl und Tomatenmark hinzufügen, untermengen und mit Weißwein ablöschen.

4- Wenn der Wein zur Hälfte verkocht ist, den Fischfond dazugießen und 30 Minuten leicht kochen lassen. Die Crème fraîche hinzugeben. Unter Rühren 10 Minuten simmern lassen. Die Sauce durch ein Sieb passieren und in einen anderen Topf füllen. Erneut erhitzen. Hummerschwänze und -scheren hinzugeben und 10 Minuten in der heißen Sauce garen.

5- Scheren und Schwänze herausnehmen und abtropfen lassen. Die Scheren mit einem Hammer aufschlagen. Die Schwänze der Länge nach halbieren. Schwänze und Scheren auf einer Platte anrichten.

6- Die Corailbutter in die heiße Sauce geben und leicht umrühren, bis sie geschmolzen ist. Abschmecken. Die Hummerstücke mit der Sauce überziehen und sofort servieren.

Kleine Hummer nach Art von Olivier Rœllinger

Der 2-Sterne-Koch Olivier Rœllinger vom Restaurant *Les Maisons de Bricourt* in Cancale bereitet einen Hummer mit Sauce und Gewürzen. »Wichtig ist, dass man ihn sanft innerhalb sehr kurzer Zeit gart, damit Konsistenz und Geschmack des Fleisches erhalten bleiben.« Die verwendeten Gewürze sind in Feinkostläden erhältlich.

Für 6 Personen
Zubereitung: 40 Minuten
Garzeit: 45 Minuten

50 g frischer Ingwer
30 g frischer Galgant
10 g Piment
1/2 Vanilleschote
1 Prise Macis (Muskatblüte)
1/4 gemahlene Muskatnuss
1 Spritzer Olivenöl
10 kleine Champignons
20 g Tamarinden-Paste
1 TL Roucou-Öl (roter Samen)
5 Zitronenblätter
1 blanchierte Knoblauchzehe
Salz, Pfeffer
3 lebende Hummer à 900 g
3 Zweige frischen Koriander
1/2 Mango
Saft von 1 Limette
50 g Butter

1- Ingwer und Galgant klein hacken und mit Piment, Vanille, Macis und Muskat im Olivenöl anschwitzen. Nach 2 Minuten die geputzten, in dünne Scheiben geschnittenen Pilze hinzufügen. Mit 500 Milliliter Wasser ablöschen und Tamarinden-Paste, Roucou-Öl, Zitronenblätter, Knoblauch, Salz und Pfeffer hinzugeben. 30 Minuten simmern lassen, den Sud filtern und zur Seite stellen.

2- Die lebenden Hummer 10 Minuten im Sud pochieren. Abgießen und der Länge nach halbieren. Die cremige Substanz (den Corail) mit einem Teelöffel aus dem Kopf herausnehmen und in den Sud geben. Den Koriander im warmen Sud ziehen lassen. Das Fleisch aus den Scheren auslösen und zusammen mit den Hummerhälften warm stellen.

3- Die Mango in sehr feine Streifen schneiden.

4- Die Brühe bei schwacher Hitze erwärmen, Limettensaft hinzugeben und Butter mit einem Schneebesen unterrühren. Hummerhälften, Scheren und Mangoscheiben auf einer großen Platte anrichten, die Sauce durch ein Sieb passieren und Hummerfleisch und Mango mit der Sauce überziehen. Sehr heiß mit Reis servieren.

Meeresfrüchtesalat mit Vinaigrette

Die Zubereitung *à l'armoricaine* oder *à l'américaine* ist auch für Saucengerichte mit Schaltieren auf der Grundlage von Tomaten, Knoblauch, Krebsjus und Öl geeignet.

Für 6 Personen
Zubereitung: 20 Minuten
Ruhezeit: 1 Stunde
Garzeit: 15 Minuten

2 Schalotten
2 Knoblauchzehen
4 Tomaten
1 Stange Staudensellerie
18 große Kaisergranathummer (Scampi)
12 große Jakobsmuscheln
150 ml Sonnenblumenöl
1 Zweig Thymian
Salz, Pfeffer
6 Kopfsalatherzen
1 TL grüner Senf
1 TL Cidre-Essig

1- Die Schalotten abziehen und klein hacken, Knoblauchzehen mit Schale auf einem Brett zerdrücken. Tomaten und Sellerie waschen und in kleine Würfel schneiden. Die Köpfe der Hummer abtrennen, die Schwänze behutsam aus der Schale lösen. Hummerfleisch gemeinsam mit den ausgelösten Jakobsmuscheln im Kühlschrank aufbewahren.

2- 3 Esslöffel Öl in einem Schmortopf erhitzen. Köpfe und Schalen im heißen Öl anbraten und bei schwacher Hitze weiterrühren, bis sich die Schalen rot färben. Thymian, Schalotten und Knoblauchzehen hinzufügen. Die Köpfe mit einem Nudelholz zerdrücken und wieder in den Topf geben. 10 Minuten bei schwacher Hitze garen lassen. Vom Herd nehmen, den Rest Öl in den Topf geben und die Schalen verschlossen 1 Stunde im warmen Öl ziehen lassen.

3- Das gewürzte Öl durch ein Sieb filtern. Dabei möglichst den ganzen Saft aus Schalenresten, Knoblauch und Schalotten auffangen. 2 Esslöffel von dem Öl in einer Pfanne erhitzen. Jakobsmuscheln und Hummerschwänze von jeder Seite 1 Minute im Öl anbraten. Tomaten- und Selleriewürfel dazugeben und 2 Minuten knusprig braten. Salzen und pfeffern.

4- Die Kopfsalatherzen halbieren und auf den Tellern anrichten. Jakobsmuscheln, Hummer, Tomaten und Sellerie noch warm darauf verteilen.

5- In einer Küchenmaschine das warme Hummeröl mit dem grünen Senf und dem Essig verrühren. Die Vinaigrette über den Salat geben und servieren.

À l'armoricaine oder *à l'américaine*?

Der Legende nach soll die Zubereitungs-
art *à l'américaine* tatsächlich an einem
Abend des Jahres 1858 in dem Pariser
Restaurant *Peter's* entwickelt worden sein.
Der Besitzer, Pierre Fraisse, hat zuvor in
Chicago gelebt, woher auch der englische
Name des Lokals rührt. Kurz bevor also
das Restaurant an jenem Abend schließt,
lässt sich eine Gruppe fröhlich gestimmter
Amerikaner an einem der Tische nieder.
Im Vorratsschrank findet sich nur noch
lebender Hummer, der Chef improvisiert:
Er zerlegt ihn, taucht ihn zusammen mit
Tomaten, Knoblauch, Weißwein, Schalotten und Pfeffer in siedendes Öl und lässt
auftragen. Die Gäste sind begeistert. Und
als sie nach dem Namen des Gerichts fragen, zögert der Chef keine Sekunde:
»Diese Hummer sind eigens für Sie gemacht, *à l'américaine, Messieurs dames* …«
Diese viel zitierte Geschichte ist fast zu
schön, um wahr zu sein. Ein anderer Pariser Restaurantbesitzer behauptete später,
er hätte mindestens anderthalb Jahrzehnte
vor Fraisse die Idee zu dieser Zubereitungsart gehabt. Wieder andere bestehen
darauf, dass dieses Rezept in irgendeiner
Form auf die Bretagne zurückgeht. Prosper Montagné, der Erfinder des *Larousse
gastronomique*, der die Bezeichnung *à l'a-
méricaine* nicht kannte, schwörte beispiels-

»*Hummer gibt es bei mir an allen Fest- und Geburtstagen.
Damit die wichtigen Anlässe auch gebührend gefeiert
werden.*«

weise auf den Hummer *à l'armoricaine*, und in der
Zeitschrift *Gil Blas* stand am Vorabend des Ersten
Weltkriegs zu lesen, man habe das Originalrezept in
den Aufzeichnungen eines Kochs aus Saint-Paul-de-
Léon entdeckt.

Vor Ort kann man darüber nur schmunzeln. »Ich
weiß, dass man ihn heutzutage modern zubereitet,
einfach nur gegrillt, aber für mich geht nichts über
einen guten Hummer *à l'armoricaine*«, gesteht Alain
le Bras, Fischer aus Le Conquet. Der Mann weiß,
wovon er spricht. Wie vor ihm schon sein Vater,
bricht er in den ersten schönen Junitagen auf und
legt seine Körbe zwischen den Felsen an der Küste
und den Inseln Finistère-Nord aus. An diesem Tag
nimmt die *Renard des mers*, ein kleiner, unscheinbarer
Kutter, Kurs auf den Leuchtturm der Pierres Noires
im Herzen des Regionalparks von Armorique. Es ist

ein recht guter Fang: rund zwanzig Hummer, die der Meeresfischer behutsam herauszieht. Um die Scheren wird ein Gummiband gespannt, und der Panzer wird mit einer Plakette versehen, damit es zu keiner Verwechslung mit der Importware aus Amerika, Irland oder Schottland kommt. Zurück im Hafen, werden die Fänge an die *Association des homardiens des côtes de France* verkauft. Diese Hummer, die nur für einige wenige Abnehmer bestimmt sind, haben natürlich ihren Preis. Die Bretagne liefert keine zweihundert Tonnen pro Jahr.

Der Traum vom Orient

Die Ware geht, wie könnte es anders sein, nach Paris. Das Paradoxe aber ist, dass die Mode in der Hauptstadt heutzutage den guten alten *armoricaine* verschmäht, nach dem sie einst verlangte. Es ist ein Jammer, dass der erlesene Geschmack des Hummers von Saucen und Gewürzen überdeckt wird, dass er verkocht, dass nicht das Weiße vom roten Corail getrennt wird, dem etliche andere Zubereitungsarten sehr gut zu Gesichte stehen. In erstklassigen Restaurants wird das Tier schlicht gegart und *nature* serviert oder aber – so hält es der sternengekrönte Küchen-

chef Jean-Marie Guilbaud von der *Ferme du Letty* in Bénodet – als einfaches Tartar mit gebundener Kohlsuppe und Steinpilzcreme. In der Nähe von Lorient wiederum bereitet man Hummer mit Curry zu, und die Exegeten sind es zufrieden.

Die Geschmäcker ändern sich, und diesbezügliche Streitereien geraten mit der Zeit in Vergessenheit … In der Bretagne aber, *armoricaine* oder nicht, erfreut man sich nach wie vor am klassischen Hummerragout.

In einem Punkt dürften Pariser und Bretonen sogar Einigkeit erzielen: Hummer *à l'armoricaine* könnte auch ein aus Florida oder Louisiana stammendes Gericht sein, wenn man an die ursprünglich aus Südamerika stammenden Tomaten, an die fremdländischen Gewürze und die *à point* gegarten und mit hochprozentigem Alkohol flambierten Stücke denkt. Diese Spekulationen über die Herkunft führen uns zurück zum Wesen der bretonischen Identität und zur Beschaffenheit eines Landes, dem der Wind alle möglichen Einflüsse zugetragen hat. Damals schrieb man *Lorient* noch *l'Orient*. Und sehr wahrscheinlich wurde Hummer am Tisch der denkwürdigen *Compagnie des Indes* geschlemmt …

Seezunge auf normannische Art in Dieppe

Seezunge, *sole*, stammt aus der Normandie, Seezunge auf normannische Art aber stammt aus Paris. Dieses Rezept, das zu Balzacs Zeiten in der bürgerlichen Küche der Hauptstadt entwickelt wurde, ist der Klassiker sämtlicher Hotelfachschulen. Und mittlerweile kommen sogar die Normannen wieder auf den Geschmack.

Oben
In Yport im Département Seine-Maritime geht man in Küstennähe nach alter Manier mit kleinen Fischerbarken, den so genannten *canots* oder *doris*, auf Seezungenfang. Einen Hafen gibt es nicht, die Boote werden über das Gestade gezogen.

Unten
Das Gestade, im Landstrich Caux *estran* genannt, hat sich in den Kreidefels gegraben. Ein idealer Lebensraum für die Seezunge, die in seichten, wenig salzhaltigen Gewässern gedeiht.

»Wir möchten nur, dass Sie essen, und dass mein Mann ebenfalls isst. Reichen Sie Monsieur noch einmal die Seezunge, Sie sehen doch, dass der Fisch auf seinem Teller kalt geworden ist …« So der Auftritt der *sole normande* im ersten Teil von Marcel Prousts *Suche nach der verlorenen Zeit*. Ob sie bei Proust selbst etwa in Cabourg unter den Lüstern des Grand Hotel oder aber bei einem Essen auf dem Faubourg Saint-Germain zum Verzehr kam, ist nicht bekannt. Heute jedenfalls prangt der leicht angestaubte Klassiker der bürgerlichen Küche auf den Speisekarten der Restaurants entlang der normannischen Küste wieder an erster Stelle. Allerdings assoziiert man mit ihr nicht länger Familientreffen im großen Stil, sondern eher ein Wochenende am Meer, einen Hauch Jod am Ende der Autobahn Richtung Westen.

Eine Schöne aus Caux passt sich an
Vor Ort, zwischen Mont-Saint-Michel und der Mündung der Somme, erntet man ein müdes Lächeln. Die Seezunge – Stolz der Region? Schon möglich, aber erst seit jüngerer Zeit.

Der Hafen von Dieppe beispielsweise hat sich eher mit seinen Heringen einen Namen gemacht, mit den Fahrten zu entlegenen Kabeljaugründen und vor kurzem auch mit spektakulären Jakobsmuschelernten. Seezunge wird hier – als ein Meeresbewohner unter vielen – schon seit dem Mittelalter in rauen Mengen gefangen. Der Plattfisch hat eine Vorliebe für seichtes, wenig salzhaltiges Gewässer und sandigen Grund. Am Fuße der weißen Steilfelsen von Caux sind die Bedingungen somit ideal. Was die

> »Wenn man die Sahnesauce kostet, hat man eine Vorstellung von den opulenten Genüssen im Hinterland, von Bocage und Kühen.«

wirbt unter Hinweis auf eine rätselhafte Tradition für seine *sole dieppoise*, und die Normannen rühmen gern die Vorzüge »ihrer« Seezungen, die sich von denen der Holländer natürlich von Grund auf unterscheiden, wenn auch die Fanggebiete nur wenige Seemeilen auseinander liegen.

Wie ihre Vorfahren auch, verkauft die Fischhändlerin mitten auf dem Quai vor dem großen Hafenbecken den Teil, den ihr Mann von seiner nächtlichen Tour mitgebracht hat. Gut zwei Zentner Seezungen hat sie auf ihrem Stand ausgebreitet. Hinter ihr liegen in einer Reihe die Boote mit den charakteristischen Namen: *Le Battant*, *Calypso*, *Princesse des mers* … Dies ist ein echter Fischereihafen, mit stattlicher Tide und Männern, die mehrere Nächte, wenn nicht gar mehrere Wochen am Stück aufs Meer fahren. Die Tatsache allerdings, dass hier noch immer Hochseeambiente herrscht, dass die Boote im Morgengrauen ablegen, die Segel hissen und ihre Netze auswerfen, verdankt Dieppe nicht zuletzt Paris. Und dass *sole normande* und selbst *sole dieppoise* der Normandie heute ein gutes Auskommen bescheren, auch daran hat die französische Hauptstadt ihren Anteil.

Fangmethoden angeht, so hat man sich an Einfallsreichtum gegenseitig überboten: Mit dreizackigen Fischspeeren, Fallen, Schleppnetzen oder Grundangeln mit gut hundert Haken ist man ihm zu Leibe gerückt, ohne allerdings je viel Aufhebens davon zu machen. Die Seezunge stand nicht einmal auf der Liste der königlichen Fische, die die Seeleute einst den *Abbés* überlassen mussten.

Zugegeben, die Zeiten haben sich geändert. Das *Hôtel des Arcades*, eine der ersten Adressen in Dieppe,

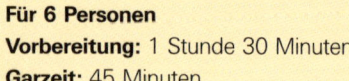

Seezunge auf normannische Art

Für 6 Personen
Vorbereitung: 1 Stunde 30 Minuten
Garzeit: 45 Minuten

1 l Miesmuscheln (*bouchot*)
200 ml Weißwein
1 *bouquet garni* (siehe S. 14)
6 Champignons
150 g Butter
6 Austern
2 Schalotten
6 kleine Seezungen (vom Fischhändler
ausgenommen und abgezogen)
Salz, Pfeffer
6 Krebse
6 mittelgroße Gründlinge oder Stinte
1 Ei und 1 Eigelb
1 Glas Milch
Mehl
Weißbrotkrumen
500 g Crème fraîche
200 g geschälte Shrimps
Frittierfett

Dies ist das klassische Rezept für die *sole normande*, wie sie Christian Constant früher im *Hôtel Crillon* in Paris serviert hat. Als das Rezept in den großen Pariser Restaurants modern war, gaben die Küchenchefs zusätzlich frische Trüffelscheibchen auf den Teller, die kurz in Madeira erhitzt wurden.

1- Backofen auf 180 °C vorheizen (Gas Stufe 2–3, Umluft 160 °C). Muscheln, Weißwein und *bouquet garni* in einen Topf geben und 5 Minuten kochen lassen, damit die Muscheln sich öffnen. Vom Herd nehmen, die Muscheln abgießen und aus der Schale nehmen. Den Sud filtern und beiseite stellen.
2- Die Champignons putzen und ungeschnitten in 30 Gramm Butter und 2 Esslöffeln Wasser kochen lassen. Den passierten Kochsaft der Champignons mit dem Muschelsud mischen und die Champignons warm stellen. Die Austern öffnen, die Flüssigkeit abgießen und das Austernfleisch klein würfeln. Die Schalotten abziehen und sehr klein würfeln.
3- Die Seezungen gemeinsam mit den Schalotten in eine feuerfeste Form geben und mit dem Kochsaft übergießen. Austern und die restliche, in kleine Stückchen geschnittene Butter darauf verteilen. Salzen, pfeffern und 25 Minuten im Ofen garen.
4- Die Krebse 4 Minuten in sprudelndes Wasser geben und abgießen. Krebsschwänze von der Schale befreien, Köpfe nicht entfernen.
5- Gründlinge oder Stinte durch das verquirlte Ei und danach durch die Milch ziehen. Im Mehl und in den Brotkrumen wenden. Frittieren und warm stellen.
6- Die Seezungen aus dem Ofen nehmen und auf eine Servierplatte legen. Krebse, frittierte Gründlinge oder Stinte und Champignons darauf verteilen.
7- Die Fischbrühe mit Crème fraîche, Shrimps und Muscheln einkochen. Vom Herd nehmen, das Eigelb unterrühren und die Sauce mit einem Schneebesen schlagen, bis sie eine cremige Konsistenz hat. Abschmecken.
8- Seezungen, Gründlinge oder Stinte, Krebse und Champignons mit der heißen Sauce überziehen. Sofort mit Reis auftragen.
Die Muscheln können auch in der Schale serviert werden.

Bei den Fischhändlern in Dieppe liegt die Seezunge natürlich an exponierter Stelle.

In der Gunst der Hauptstadt

Dieser Küstenstrich nämlich hat stets von dem gelebt, was er an Erzeugnissen auf den Weg gebracht hat. Von hier brachen schon im 12. Jahrhundert die berühmten *chasse-marée* auf, Fuhrmänner, die die fangfrischen Fische und Meeresfrüchte eilig nach Paris beförderten und nach denen noch heute die Schnellfahrzeuge benannt sind, die an ihre Stelle getreten sind. Der Fisch war frisch, denn die Technik des Kühlhaltens mithilfe von Eis beherrschte man schon damals. Pariser Straßennamen spiegeln den Transportweg wider, der in eine *Rue des Poissonniers* und einen *Faubourg Poissonnière* mündete. Ab 1848 dann kam die Eisenbahn zum Einsatz. Die Matrosen aus Dieppe konnten den Ärmelkanal mit ihren Schleppnetzen durchpflügen: Ganz Frankreich nahm ihnen ihre Fänge bereitwillig ab.

Das war auch die Zeit, in der die Normandie in Mode kam, die Blütezeit der Casinos am Fuße der Seebäder. Dorthin begab sich die englische, französische oder russische Aristokratie, um am Wasser Konversation zu betreiben und bei Ebbe durch den nassen Sand zu waten. In diese Zeit fallen auch die Anfänge der *sole normande*. 1840 ist sie eine unter allerdings zweihundert Spezialitäten im *Rocher de Cancale*, dem berühmten Restaurant, in dem Balzac die Figuren seiner *Comédie humaine* aufmarschieren lässt. Der Küchenchef Langlais hat das Rezept standardisiert und sich vermutlich an ein Fischragout in Weißweinsauce angelehnt, das einige Jahre zuvor schon bei dem französischen Kochkünstler Carême zu haben war.

> »Vom neuen Bahnhof in Dieppe fuhren jeden Tag die ›Fisch- und Muschelzüge‹ los, die in den Pariser Markthallen allen den Mund wässrig machten.«

So eroberte sich dieses Gericht seiner provinziellen Aufmachung zum Trotz einen Platz in der kulinarischen Nomenklatur, und dort blieb es auch. Für Christian Constant, den ehemaligen Chef vom *Crillon*, gehörte es bis vor einigen Jahren noch zum Pflichtprogramm. In dem für angehende Köche unverzichtbaren Lehrbuch *Les Bases de la cuisine* von Planche und Sylvestre ziert es die Umschlagseite. Und in ihrer noch raffinierteren Form, also *dieppoise*, hat sich die Seezunge zu einem Probeessen für die Abschlussprüfung in Hotelfachschulen entwickelt. Wer die Grundlagen der französischen Küche beherrschen will, muss sich darauf verstehen, ein Filet von den Gräten zu lösen, Champignons zu rühren, Muscheln zu garen, eine Brühe zu reduzieren und das zarte, weiche Fleisch der Seezunge in seiner Beschaffenheit zu erhalten.

Die Perle der Normandie

Dieses Nationalgericht als normannisch oder »aus Dieppe kommend« zu bezeichnen, ist so abwegig jedoch nicht. Das liegt zum einen an der Verwendung von Sahne, ohne die in der normannischen Küche nichts geht. »Sahne gehörte immer schon zu den Grundnahrungsmitteln der Fischer«, konstatiert Éric Tavernier, Autor des Buches *150 Ans de pêche à Dieppe* und Präsident der *Cité de la Mer* in Dieppe. Weitere Zutaten neben Sahne sind Krevetten und Muscheln, Kleintier, das die Frauen noch bis vor wenigen Jahren körbeweise einsammelten, wenn die Ebbe den Küstenstreifen freigab. Sogar Champignons sind lange schon eine Spezialität der Gegend. In Dieppe finden sich eigenartige, heute zum Teil zugemauerte Höhlungen an der Felsküste. Die Alten erinnern sich noch daran, dass dort bis zum letzten Krieg arme Fischer lebten, die kein Boot besaßen, und Männer, die Kieselsteine auflasen. Sie waren beim Kanaldurchbruch enteignet worden und hatten keine andere Bleibe gefunden. »Als sie kamen«, fährt Éric Tavernier fort, »war es mit der Champignonzucht in den Felsnischen vorbei.«

Heimische Erzeugnisse für ein exotisches Rezept: Mittlerweile steht Dieppe voll und ganz hinter dem nach ihm benannten Gericht. Und die Handelskammer organisiert alljährlich einen Wettbewerb, bei dem sich Kochlehrlinge aus ganz Europa an der *sole dieppoise* versuchen. Ausgleichende Gerechtigkeit!

Oben
In Dieppe hießen die Bars der Seeleute einst *Le Retour*, »Die Rückkehr«, oder *Le Coup de roulis*, »Schlagseite«. Heute sind sie nach dem Stolz der Region benannt, der Seezunge.

Links
Es gibt helle und dunkle Seezungen, aber in der Regel wird sie ohne Haut zubereitet. Diese wird von den Fischhändlern mit geübter Geste entfernt.

Seezungenfilets nach Diepper Art

1- Die Schalotten abziehen, in feine Scheiben schneiden und zusammen mit den Muscheln und der Hälfte des Weißweins in einen Topf geben. Bei starker Hitze 5 Minuten unter ständigem Rühren kochen lassen, damit die Muscheln sich öffnen. Den Sud filtern, die Muscheln aus der Schale nehmen und beides getrennt beiseite stellen.

2- Die Champignons putzen und vierteln. In einer Pfanne in 30 Gramm Butter schwenken und zu den Muscheln geben.

3- Den restlichen Weißwein gemeinsam mit dem Fischfond in einem großen Topf zum Kochen bringen. Die Seezungenfilets 3 Minuten in siedender Flüssigkeit garen, abtropfen lassen und in ein großes Tongefäß legen. Shrimps, Muscheln und Champignons dazugeben.

4- Den Muschelsud zu der Fischbrühe geben und auf drei Viertel der Menge einkochen. Crème fraîche hinzufügen und bei schwacher Hitze nochmals auf die Hälfte reduzieren. Abschmecken.

5- 20 Minuten vor dem Verzehr die restliche, gekühlte Butter nach und nach unter ständigem Schlagen in Flöckchen in die heiße Sauce geben. Seezungenfilets und Garnitur aus Muscheln, Shrimps und Champignons damit überziehen und 5 Minuten unter dem Grill gratinieren.

6- Die Seezungenfilets noch heiß zusammen mit Reis servieren.

Für 6 Personen
Vorbereitung: 40 Minuten
Garzeit: 45 Minuten

2 Schalotten
1 l Miesmuscheln (*bouchot*)
250 ml Weißwein
300 g Champignons
80 g Butter
250 ml Fischfond
16 Seezungenfilets
300 g geschälte Shrimps
500 g Crème fraîche
Salz, Pfeffer

Lauchfondue mit Sauce dieppoise

Die Sauce *dieppoise* ist leichter herzustellen als die echte Sauce normande und wird auch mit Gemüse zubereitet.

1- Muscheln, 50 Milliliter Weißwein und *bouquet garni* in einen Topf geben. Bei starker Hitze 5 Minuten kochen lassen, damit die Muscheln sich öffnen. Vom Herd nehmen, die Muscheln abgießen und aus der Schale lösen. Den Sud filtern und beiseite stellen.

2- Den Lauch waschen, putzen und in feine Scheiben schneiden, die Schalotten abziehen und sehr klein würfeln. Die Speckwürfel in einem Schmortopf ohne zusätzliches Fett anbraten. Wenn der Speck langsam knusprig wird, Lauch und Schalotten dazugeben. Bei schwacher Hitze unter ständigem Rühren 10 Minuten garen und nicht zu dunkel werden lassen.

3- Die geputzten, fein geschnittenen Champignons, den restlichen Weißwein und die Garnelen hinzufügen. Salzen, pfeffern und Muskatnuss unterrühren. Bei sehr schwacher Hitze etwa 10 Minuten simmern lassen. Dabei von Zeit zu Zeit umrühren.

4- Wenn der Lauch weich wird, Crème fraîche, Muscheln und Muschelsud hinzugeben und weitere 10 Minuten garen.

5- Das Lauchfondue zu gegrilltem Fisch oder zu Pellkartoffeln reichen, oder aber *nature* als Vorspeise. Das Gericht kann auch gratiniert serviert werden. Oder aber man rührt Eier unter und bereitet es auf einer Teigunterlage wie eine Quiche zu.

Für 6 Personen
Vorbereitung: 35 Minuten
Garzeit: 40 Minuten

1 l Miesmuscheln (*bouchot*)
100 ml Weißwein
1 *bouquet garni* (siehe S. 14)
3 dicke Stangen Lauch
2 Schalotten
200 g gewürfelter Räucherspeck
200 g Champignons
400 g geschälte Garnelen
Salz, Pfeffer
1 TL gemahlene Muskatnuss
100 g Crème fraîche

Crêpes und Galettes aus der Bretagne

Crêpes gibt es überall. In der Bretagne aber schmecken sie nach *sarrasin*, dem Buchweizen, den die Kreuzfahrer einst aus dem Mittleren Orient mitbrachten, benannt nach den Sarazenen. Die Crêpes galten lange Zeit als das »Brot der Armen« und sind heute Gold wert in einem Landstrich, dessen Crêperien sich Jahr um Jahr vermehren.

Oben
Crêpe-Ritual im Land der *bigoudins*, der hohen, zylindrischen Trachtenhauben in der Gegend von Pont-l'Abbé.

Rechts
Mit dem kleinen Holzrechen oder *rozell*, wird der Teig gleichmäßig über das heiße Eisen gestrichen und dann mithilfe einer »Latte«, wie man an den Côtes-d'Armor sagt, gewendet. Im Département Ille-et-Vilaine wiederum bezeichnet man Letzteres als *spannel*.

Heideland, Weiden und Herrenhäuser aus grob behauenem Stein, das Noire-Gebirge am Horizont. Im Park hat man Zelte aufgeschlagen und zweihundert Meter *billig* aneinander gereiht, gusseiserne Platten zur Herstellung von Galettes, die möglichst schaumig weich und knusprig zugleich ausfallen sollen. Amateure, die am Wettbewerb der schönsten Crêpe teilnehmen, werden von Profis in die Kunst eingewiesen, den Teig in einer einzigen und nicht etwa in zwei Schichten aufzutragen, wie anscheinend andernorts in der Bretagne üblich. Touristen und Dorfbewohner stellen sich der Herausforderung: Gourin huldigt der Crêpe.

Weizen und Buchweizen

Gourin im Morbihan im Herzen der Bretagne hat sich vor rund zehn Jahren zum Crêpe-Zentrum erklärt. Vier Crêperien und noch einmal so viel Crêpestände, was nicht eben viel ist. Ältere Bewohner aber versichern, dass Gourins *Crêpiers* nach Kriegsende sogar bis nach Paris lieferten.

Im Grunde gibt es nichts Universaleres als eine Crêpe. Anderswo heißt sie Blini, *brick* oder Pancake. Die Idee, ein wenig dickflüssigen Teig auf einen heißen Stein zu geben (das französische Wort *galette* stammt von *galet*, »Kieselstein«) ist uralt und hat sich im Limousin ebenso durchgesetzt wie in China. An Lichtmess wirbeln in ganz Frankreich Crêpes durch die Lüfte. Sie sind ein Symbol für Reichtum und Überfluss, mit dem die Darstellung Jesu im Tempel gefeiert wird.

Die Terminologie stiftet eher Verwirrung. Bei Vitré, auf galloromanischem Gebiet, scheint der Fall noch sonnenklar: Die Galette wird auf der Grundlage von Buchweizen zubereitet und ist salzig, die Crêpe ist aus Weizen und süß. Anderswo aber, im Finistère oder an den Côtes-d'Armor, werden einem Weizengalettes zum Dessert angeboten und Buchweizencrêpes als Hauptgericht. Stendhal hat versucht, den Sachverhalt in Form einer Gleichung darzustellen: »Der Teil der Bretagne, in dem bretonisch gesprochen wird, ernährt sich von der Galette aus Buchweizenmehl.« Die Realität ist allerdings komplexer. Denn was auf den ersten Blick eine Frage der Begrifflichkeit ist, geht mit einem unerbittlichen Alltag einher: Hier bewegt sich alles zwischen »hellem« Weizen und »dunklem« Buchweizen, zwischen Glanz und Elend.

Für 24 Crêpes
Vorbereitung: 10 Minuten
Empfohlene Ruhezeit: 2 Stunden
Garzeit: 45 Minuten

500 g Weizenmehl
200 g feiner Kristallzucker
3 Eier
1 l Milch
Saft von 1 Zitrone
80 g leicht gesalzene Butter und
etwa 100 g zum Backen

Für 12 Galettes
Vorbereitung: 25 Minuten
Ruhezeit: 3 Stunden
Garzeit: etwa 45 Minuten

400 g Buchweizenmehl
125 g Weizenmehl
1 Prise grobes Salz
1 l Milch
200 g leicht gesalzene Butter zum
Backen
50 g Butter zum Bestreichen
für den Belag nach Belieben Andouille
(Wurst aus Innereien vom Schwein und
Kalb), Käse, Schinken, Würstchen, Eier

Bretonische Crêpes

Traditioneller Crêpe-Teig wird für süße Zubereitungsarten verwendet. Am besten isst man die Crêpes frisch. Man kann sie auch auf einen Teller schichten und im Wasserbad warm halten.

1- Für den Teig Mehl und Zucker in einer Schüssel vermengen. In die Mitte eine Mulde drücken und die Eier hineingeben.
2- Mit einem Schneebesen verrühren und nach und nach die Milch zugeben. Darauf achten, dass sich keine Klümpchen bilden.
3- Unter leichtem Schlagen den Zitronensaft und die zerlassene Butter dazugeben. Den Teig 2 Stunden bei Zimmertemperatur ruhen lassen.
4- Ein Stückchen Butter in einer großen, beschichteten Pfanne erhitzen. Mit einer kleinen Schöpfkelle etwas Teig in die Butter geben und die Pfanne schwenken, damit sich der Teig gleichmäßig verteilt. Die Crêpe 3 Minuten bei mittlerer Hitze goldgelb backen.
5- Crêpe mit einem Holzspatel wenden und von der anderen Seite 2 Minuten backen.

Bretonische Galettes

Diese bretonische Spezialität wird mit Buchweizenmehl zubereitet und ist für würzige Füllungen vorgesehen.

1- Den Teig wie einen Crêpe-Teig (siehe oben) zubereiten und 3 Stunden ruhen lassen.
2- Aus einem kleinen Stück Watte eine Art Korken formen und mit Küchengarn an den Zinken einer Gabel befestigen. Die gesalzene Butter zerlassen, die Watte in die Butter tauchen und die Pfanne damit ausfetten.
3- Mit einer kleinen Schöpfkelle etwas Teig in die Butter geben und die Pfanne schwenken, damit sich der Teig gleichmäßig verteilt. Die Galette 2 Minuten backen und vorsichtig wenden (Galettes sind empfindlicher als Crêpes).
4- Die Füllung daraufgeben und die Ränder mit dem Spatel umschlagen. Die Galette 2 weitere Minuten backen und erneut wenden. Nach 2 Minuten auf den Teller gleiten lassen und ein gut gekühltes Stückchen Butter auf der knusprigen Oberseite der Galette zergehen lassen.

Der Weizen der Ungläubigen

Im Anfang, das heißt nach Ende der Kreuzzüge, war der Buchweizen, im Französischen auch als *blé noir*, »schwarzer Weizen«, bezeichnet. In Frankreich trugen ihm sowohl seine dunkle Farbe als auch seine Herkunft in jenen Zeiten des Kampfes gegen die Ungläubigen rasch den Namen *sarracenus* ein, davon abgeleitet die bis heute übliche französische Bezeichnung *sarrasin*. Nachdem er in China, Japan, Russland und im gesamten Mittleren Osten längst angebaut wurde, setzte er sich im 17. Jahrhundert auch im Zentralmassiv und in der Bretagne durch, den ärmsten Gegenden Frankreichs. Er begnügt sich mit Böden, die für Weizen zu karg sind, kommt mit Feuchtigkeit zurecht und wurde damals nicht besteuert. Die bretonischen Bauern gingen dazu über, den wenigen Weizen, den sie produzierten, auf den Märkten zu verkaufen und den Buchweizen für sich selbst zu behalten.

Mit Buchweizen allerdings »geht« der Brotteig schlecht. Und weil Crêpes nicht »gehen« müssen, werden sie fortan zum Brot der einfachen Leute. In aller Regel ist der fleischlose Freitag der Tag, an dem die Hausfrau sich an den Herd stellt und für die ganze Woche kocht. Wenn es für ein *kig-ha farz*, eine Art Eintopf auf der Grundlage von Buchweizenmehl, nicht reicht, werden die mehr oder weniger trockenen Galettes alle Tage in Brei, in Milch oder in einfache Fleischbrühe getunkt.

Im Laufe der Zeit bekommt der ursprünglich fremdländische Buchweizen, der als fester Bestandteil der Ernährung auch entsprechend umhegt wird, seine eigene bretonische Prägung. »Der bretonische Buchweizen ist heute unter tausend anderen Buchweizenarten zu erkennen, er ist von kleinerem Korn, silbergrau und hat gerundete Kanten«, erläutert Catherine Cateline, die in Vitré mit ihrem Ehemann die Mühle *Moulin de la Fatigue* betreibt. Hier arbeitet der Müller noch mit Mühlsteinen aus Granit und Drehtrommeln zum Sieben des Mehls, und er ist froh, alles beim Alten belassen zu haben. »Wir hatten durchaus eine längere Durststrecke. Vor dreißig Jahren war Buchweizen nicht gefragt, und heute kommen wir mit der Lieferung kaum nach.«

> »In Quimperlé gehen die Großmütter nach dem Markt immer noch auf einen Sprung zu Ty-Gwechall und holen sich eine einfache Crêpe mit Butter, wie sie sie früher selbst buken.«

Die Meister des *billig*

Denn über die Mode hinaus, die diesen praktisch vollwertigen Körnern zugeneigt ist, erfreut sich die bretonische Crêpe einer immer größeren Nachfrage. Von den 4800 in Frankreich offiziell erfassten Crêperien befinden sich allein 2000 in der Bretagne und von Bréhat bis zu den Arrée-Bergen gehören Crêperien mit Spitzengardinen, patinierten Holzvertäfelungen und Cidre-Krügen zur landläufigen Vorstellung, die man sich von der Bretagne macht. Zu den Gästen zählen sowohl Touristen als auch Einheimische, die mit der Familie den Genüssen auf der Spur sind, die ihnen gemeinsam mit den Großmüttern abhanden gekommen sind …

Die Handgriffe nämlich, die früher von der Mutter an die Tochter weitergegeben wurden, gehen lang-

sam verloren. Im Sommer reißt man sich regelrecht um gute Crêpe-Köche, die Spitzenverdienste erzielen. Heute gibt es so viele Ausbildungsmöglichkeiten wie nie zuvor. Treblec, ein Müller aus Maure-de-Bretagne, hatte sogar die Idee, eine Schule für Crêpe-Meisterköche zu gründen, eine Initiative, die von mehreren regionalen Körperschaften aufgegriffen wurde.

Mit einem Mal tut sich was in Sachen Crêpe. In manchen Crêperien, so auch bei *Ty-Gwechall* in Quimperlé, wurde zusätzlich zum traditionellen Crêpe-Koch ein Küchenchef eingestellt. Die Crêpe dient als Vorwand für Innovationen. Auf der Speisekarte finden sich Crêpes mit lauwarmen Austern, Zanderfilet, Thunfischwürfeln oder Algen, in trauter Eintracht mit der berühmten *crêpe complète* mit Schinken, Ei und Käse.

Manche Küchenchefs gehen sogar noch einen Schritt weiter und betrachten die Crêpe als schlichte Unterlage für ihre Kreationen, wie zu jener Zeit, als die Galettes Tag für Tag nur dazu dienten, Suppen und Breie ein wenig anzureichern. Bei Guy Guilloux, dem erfinderischen Küchenchef im *Taupinière* nahe Pont-Aven, ist sie Bestandteil der hohen Kochkunst: Mehrere Buchweizencrêpes, die anstelle von Blätterteig eine Leberpastete betten, sind ringsum mit Honig und ein paar Stückchen Gewürzkuchen verziert. Soll man sich über eine derartige Umkehrung der Traditionen, durch die ein von Haus aus ärmliches Mahl zum üppigen Schmaus wird, ereifern? Wohl eher nicht.

An den nobelsten Tafeln

Längst schon nämlich stellt die Crêpe ihr Licht nicht mehr unter den Scheffel. Da wäre die Geschichte von der jungen Herzogin Anne de Bretagne, die an einem Tag des Jahres 1490 im Wald spazieren gegangen sein soll. Als sie von einem Gewitter überrascht wurde, flüchtete sie sich mitsamt ihrem Gefolge in die Hütte eines Holzfällers. Dessen Tochter bereitete den Ankömmlingen zur Stärkung etliche Galettes aus Buchweizen, der einzigen Habe. Mit ungeahntem Erfolg: Der mit Charles VIII. und in zweiter Ehe mit Ludwig XII. verheirateten Anne war es fortan ein Herzensanliegen, diese Speise aus ihrer Heimat hoffähig zu machen. So gelangte die Crêpe der einfachen Leute erstmalig zu höheren Weihen.

> *»Eines schönen Tages verließ die älteste Tochter ihren Platz bei Tisch, um ihrer Mutter zu helfen, damit diese sich setzen konnte. Und so erwarb sie sich ihre Fertigkeiten.«*

In späterer Zeit dann ging das gehobene Bürgertum sogar in der Bretagne dazu über, den Weizen der Wohlhabenden zu verwenden, sobald man es sich leisten konnte. Ende des 19. Jahrhunderts dann läutete die Crêpe in Quimper eine neue Ära ein und hüllte sich in Spitze. Die Technik geht angeblich auf Marie-Catherine Cronic, genannt Katell, zurück. Sie buk hauchdünne Crêpes, die sie anschließend mit der Spitze eines Messers einrollte. Ihr Rezept wurde innerhalb weniger Jahre berühmt und fand Nachahmer bis nach Paris, ja in ganz Europa. In der ihm eigenen Art erkannte Curnonsky dieser Crêpe »himmlische« Tugenden zu. Fortan wurde sie auch in den besten Restaurants zu Champagner und Eis gereicht.

Im Zuge der maschinellen Fabrikation wird die *crêpe dentelle*, die »Spitzen-Crêpe«, mittlerweile fast überall in der Bretagne und anderswo hergestellt. Eine der ersten Adressen findet sich in Nantes. Der Betrieb war der offizielle Lieferant von Élysée und Matignon, bis sein Besitzer in Rente ging. Patrick Collin von der Biscuiterie in Quimper-Stivell wurde zum Nachfolger auserkoren und ist der Tradition treu geblieben. »Weil wir gern nach handwerklichen Methoden arbeiten, aber auch weil wir hier in Locmaria sind, dem historischen Viertel Quimpers.« Gleich nebenan befindet sich die berühmte Steingutfabrik. Dass das Aushängeschild der bretonischen Crêpe auf diese Weise seinen Weg zurück ins Herz der Stadt findet, ist nur recht und billig.

Pannequets mit Käse

Für 12 Pannequets
Vorbereitung: 30 Minuten
Empfohlene Ruhezeit: 2 Stunden
Garzeit: 45 Minuten

Für den Teig
250 g Weizenmehl
2 Eier
500 ml Milch
40 g leicht gesalzene Butter und 50 g
zum Backen

Für die Füllung
300 g Béchamel-Sauce
100 g geriebener Käse
150 g Roquefort
Salz, Pfeffer

Pannequets sind aufgerollte oder zweimal umgeschlagene, gefüllte Crêpes. Man gibt eine Béchamel-Sauce oder Honig darüber, isst Fleisch oder Kompott dazu. Bei süßen Pannequets verwendet man statt der Béchamel-Sauce Sahne und statt geriebenem Käse Dörrobst. Einen Crêpe-Teig, der für pikante Pannequets gedacht ist, bereitet man natürlich ohne Zucker zu.

1- Für den Teig Mehl in eine Schüssel geben. In die Mitte eine Mulde drücken und die Eier hineingeben. Mit einem Schneebesen verrühren und nach und nach die Milch zugeben. Darauf achten, dass sich keine Klümpchen bilden.
2- Die zerlassene Butter unter leichtem Schlagen hinzugeben.
3- Ein Stückchen Butter in einer großen, beschichteten Pfanne erhitzen. Mit einer kleinen Schöpfkelle etwas Teig in die Butter geben und die Pfanne schwenken, damit sich der Teig gleichmäßig verteilt. Die Crêpe 3 Minuten bei mittlerer Hitze goldgelb backen, mit einem Holzspatel wenden und von der anderen Seite 2 Minuten backen.
4- Die Crêpes nebeneinander auf einer Arbeitsplatte ausbreiten. Mit Béchamel-Sauce bestreichen, geriebenen Käse darüber geben und mit Roquefort-Stücken belegen. Mit Salz und Pfeffer würzen und die Ränder zweimal übereinander legen. In eine große Tonform legen und im vorgeheizten Ofen bei 170 °C (Gas Stufe 2, Umluft 150 °C) 15 Minuten backen.

Spitzen-Crêpes nach Art von Jacques Thorel

Für 12 Crêpes
Vorbereitung: 30 Minuten
Ruhezeit: 1 Nacht
Garzeit: 2 Stunden 30 Minuten

250 g Weizenmehl
1 EL Buchweizenmehl
1 Prise Salz
125 g feiner Kristallzucker
2 Eier
500 ml Milch
100 g leicht gesalzene Butter und 100 g
zum Backen
50 g Puderzucker

Durch Jacques Thorel, den vom *Guide Michelin* mit zwei Sternen ausgezeichneten Koch in der *Auberge bretonne* in La Roche-Bernard nahe Saint-Nazaire, kommt dieses alte bretonische Rezept der *crêpes dentelles* zu neuen Ehren. Nach einem mehrgängigen Mahl bilden die knusprigen, zerbrechlichen Crêpes, zu denen man einen Cidre oder einen Erdbeerlikör aus dem Hause Plougastel-Daoulas reicht, einen köstlichen Ausklang.

1- Den Teig wie einen traditionellen Crêpe-Teig zubereiten und über Nacht bei Zimmertemperatur ruhen lassen.
2- Hauchdünne Crêpes backen und aufrollen. Die Crêpes verschließen, indem man die Enden leicht umschlägt. Auf ein Backblech legen und mit Puderzucker bestreuen.
3- Auf kleinster Stufe etwa 2 Stunden im Ofen trocken backen und karamellisieren. Darauf achten, dass die Crêpes nicht zu sehr bräunen.

Leichte Crêpes mit Zimt und karamellisiertem Honig

Als Getränk zu diesen Crêpes eignet sich heiße Schokolade hervorragend. Anstelle von gemahlenem Zimt kann man den Crêpe-Teig auch mit Kakao, löslichem Kaffee, Vanillemark oder Zitronensaft aromatisieren.

Für 12 Crêpes
Vorbereitung: 10 Minuten
Ruhezeit: 20 Minuten
Garzeit: 30 Minuten

1- Für den Teig Mehl, Salz, gemahlenen Zimt und Puderzucker in einer Schüssel vermengen und in die Mitte eine Mulde drücken.

2- Die Vanilleschote der Länge nach öffnen, das Mark herausstreichen und in die kalte Milch einrühren. Die Eier in die Mulde geben, mit einem Schneebesen verrühren und nach und nach die Milch zugeben. Darauf achten, dass sich keine Klümpchen bilden. Unter leichtem Schlagen die zerlassene Butter zugeben und den Teig 20 Minuten ruhen lassen.

3- Die Crêpes entsprechend dem traditionellen Rezept backen und warm stellen.

4- Vor dem Verzehr Honig und Zimtstange in einem kleinen Topf erhitzen. Wenn der Honig leicht schäumt, Topf vom Herd nehmen und die lauwarmen Crêpes mit dem Zimt-Honig-Karamell überziehen. Sofort servieren.

250 g Mehl
1 Prise Salz
3 TL gemahlener Zimt
1 TL Puderzucker
1 Vanilleschote
1,5 l Milch
3 Eier
50 g leicht gesalzene Butter und 100 g zum Backen
100 g flüssiger Honig (aus Gâtinais)
1 Zimtstange

Apfeltarte aus der Normandie

Apfeltarte schmeckt nach Kindheit und nach Sonntagen im Kreise der Familie. Überall backt man Apfeltarte, aber in der Normandie wird sie zum Hochgenuss. Denn im Land der geflecken Kühe und der Hohlwege sind saure Sahne, Butter und alte Apfelsorten eine Selbstverständlichkeit.

Oben
Gefleckte Kühe weiden unter Apfelbäumen. Dieses für die Normandie typische Ökosystem spiegelt sich in der Verbindung von Sahne und Äpfeln wider.

Rechts
Apfelernte im Calvados: Der örtliche Schatz wird gehoben.

Tag für Tag wird Apfeltarte »nach Großmutters Art« verspeist, sei es in Japan, in Saudi-Arabien oder in China. Gaston Lenôtre, der auf einem Bauernhof in der Gegend von Auge aufwuchs und inzwischen über alle Grenzen hinweg zum unangefochtenen Gebieter über die Feinkostwaren aufgestiegen ist, hat die Apfeltarte aus seiner normannischen Heimat nie vergessen. Zu Ehren seiner Mutter, die bei den Rothschilds Köchin war, hat er sie »Éléonore« getauft und ihr einen festen Platz auf seiner Speisekarte eingeräumt. »Jeden Freitagabend«, so berichtet er in *Le petit Castelot gourmand*, »wurden kistenweise Äpfel geschält und in Würfel geschnitten. Ich habe riesige Schüsseln aus Steingut gefüllt: Eine Schicht Äpfel, ein paar Teelöffel Zucker und Vanille, wieder eine Schicht Äpfel und so weiter. Am nächsten Morgen, wenn der dreistufige Kohleofen die richtige Temperatur hatte, wurden die Bleche bestückt. Die größten Kuchen kamen nach hinten, die kleineren nach vorn ...« Das sind unverkennbar bereits die Handgriffe des Profis, doch die Erinnerungen führen weit zurück.

Kindheitserinnerungen

Und eben darin liegt auch der Liebreiz einer Apfeltarte: in der Hitze des Backofens und den im Mehl versinkenden Händen von Müttern und Großmüttern. Es ist die Geschichte leidenschaftlich schlemmender Kinder, nachmittäglicher süßer Pausen und in großer Familienrunde verspeister Desserts. Michel Bruneau, dessen Restaurant *La Bourride* heute zu den anerkannt besten Lokalen in Caen gehört, erweist jenen Frauen die Ehre, die den Donnerstagen seiner Kindheit den Geschmack süßer Früchte verliehen. Dessertteller, auf denen dick belegte Apfelkuchen sich neben Sorbet, *douillon* und anderen Apfeltaschen tummeln, sind seine Sache nicht. Die Tarte ist bei allen Widrigkeiten die uneingeschränkte Königin. »In unserem Schulranzen«, so erzählt er, »hatten wir nie Kekse, sondern immer selbst gemachten Kuchen, den meine Großmutter und meine Patentante buken. Es heißt, ich wäre immer auf einen Hocker gestiegen, um zu sehen, was gerade im Backofen war.« Wahrscheinlich ist Apfelkuchen eine der ältesten und auch gängigsten Nachspeisen der Welt. Man findet ihn in zig Abwandlungen im Brie, in den Alpen, der Provence oder der Sologne, der Heimat der berühmten Demoiselles Tatin. Die Normandie aber erhebt nicht ohne Grund Anspruch auf die Urheberschaft. »Die Normandie hat etwas Großzügiges«, so

> »Eine Apfeltarte, zumal eine warme, ist etwas Herrliches«, bekennt Michel Bruneau.

Normannische Apfeltarte

Die klassische *tarte aux pommes à la normande* wird mit Calvados flambiert und mit Crème fraîche serviert. Bisweilen werden die Äpfel auch in Sirup pochiert, bevor man den Teig damit belegt.

1- Für den Teig werden Butter und Zucker mit einem Teigschaber vermengt. Die Eier dazugeben und mit den Fingerspitzen verkneten. Das Mehl hinzufügen und die Masse zu einem glatten Teig verarbeiten. In ein Küchentuch wickeln und 40 Minuten im Kühlschrank ruhen lassen.

2- Die Äpfel schälen und entkernen. Ein Drittel in kleine Stücke schneiden und in einem Topf bei schwacher Hitze unter ständigem Rühren mit 30 Gramm Zucker und der Butter zu Kompott verkochen. Die übrigen Äpfel vierteln. Backofen auf 180 °C vorheizen (Gas Stufe 2–3, Umluft 160 °C).

3- Eine Springform mit dem Teig auslegen. Das Kompott auf die Teigschicht streichen. Die Apfelstücke rosettenförmig auf dem Kompott anordnen, mit dem restlichen Zucker bestreuen und 30 Minuten im Ofen backen.

4- Die Form aus dem Ofen nehmen. Calvados in einem kleinen Topf erhitzen und mit einem großen Streichholz entzünden. Sogleich den Alkohol zum Flambieren über die Apfeltarte geben. Die Tarte vor dem Schneiden einige Minuten ruhen lassen und noch heiß mit einem Löffel Crème fraîche servieren.

Für 6 Personen
Vorbereitung: 1 Stunde
Ruhezeit: 40 Minuten
Garzeit: 45 Minuten

Für den Teig
125 g weiche Butter
125 feiner Kristallzucker
2 Eier
300 g Mehl

Für den Belag
1,5 kg Äpfel (Renette oder Golden Delicious)
60 g feiner Kristallzucker
80 g Butter
100 ml Calvados
200 g Crème fraîche

Überbackene Apfeltarte

Bei dieser Zubereitung wird der Teig vorgebacken und legt sich erst in einem zweiten Backvorgang um die Äpfel.

1- Für den Teig werden Butter und Zucker mit einem Teigschaber vermengt. Die Eier dazugeben und mit den Fingerspitzen verkneten. Das Mehl hinzufügen und die Masse zu einem glatten Teig verarbeiten. In ein Küchentuch wickeln und 40 Minuten im Kühlschrank ruhen lassen.

2- Backofen auf 180 °C vorheizen (Gas Stufe 2–3, Umluft 160 °C). Eine Springform mit dem Teig auslegen, in der Mitte getrocknete Bohnen verteilen und die Form 30 Minuten in den Ofen geben.

3- Die Äpfel schälen, entkernen und vierteln. Den Zucker in 500 Milliliter Wasser auflösen und zum Kochen bringen. Die Apfelviertel 5 Minuten im kochenden Sirup garen. Abtropfen lassen. Eigelbe und Crème fraîche mit einem Schneebesen verrühren.

4- Springform aus dem Backofen nehmen und Bohnen entfernen. Die Apfelstücke auf dem Teig verteilen, mit dem Eier-Crème fraîche-Gemisch überziehen und bei 150 °C (Gas Stufe 1) weitere 10 Minuten backen, bis die Tarte goldgelb ist.

5- Sobald die Eiercreme stockt, Form aus dem Ofen nehmen. Erkalten lassen und vor dem Verzehr mit Puderzucker bestreuen.

Für 6 Personen
Vorbereitung: 1 Stunde
Ruhezeit: 40 Minuten
Garzeit: 45 Minuten

Für den Teig
125 g weiche Butter
125 g feiner Kristallzucker
2 Eier
300 g Mehl
500 g getrocknete Bohnen zum Vorbacken

Für den Belag
1,5 kg Äpfel (Golden Delicious)
300 g feiner Kristallzucker
2 Eigelbe
50 g Crème fraîche
1 EL Puderzucker

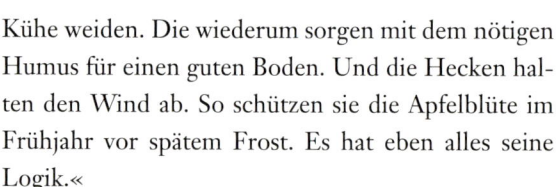

erläutert Michel Bruneau. »Manchmal macht man dieser Gegend zum Vorwurf, dass sie nicht gerade sparsam mit Butter, Sahne und Zucker umgeht. Für eine Apfeltarte aber ist das ein Muss. Außerdem sind die Zutaten erstklassig. Schließlich ist dies die einzige Region, in der einer Butter und einer Sahne die Herkunftsbezeichnung AOC verliehen wurde.« So gesehen zeichnet sich die Apfeltarte durch das Zusammenspiel ihrer einzelnen Bestandteile aus wie eine Landschaft im Auge-Tal oder ein Hohlweg in der Gegend von Caux.

Rotbäckige und Renetten

»Unsere Landschaft hat der Mensch gestaltet. Sie ist ein Gesamtkunstwerk«, so fasst es Thierry Defrièches zusammen. Der Sohn, Enkel und Urenkel von Cidre-Herstellern produziert unter der Bezeichnung *Père Jules* Cidre und Calvados in Saint-Désir-de-Lisieux. So weit er zurückdenken kann, hat er immer Äpfeln bei der Gärung zugesehen.

»Ich tue alles, damit die hochstämmigen Apfelbäume erhalten bleiben, denn nur dann können unterhalb auch Kühe weiden. Die wiederum sorgen mit dem nötigen Humus für einen guten Boden. Und die Hecken halten den Wind ab. So schützen sie die Apfelblüte im Frühjahr vor spätem Frost. Es hat eben alles seine Logik.«

Darüber hinaus hat jeder Boden seine eigene Würze. »Nur ein paar Meter weiter schmecken Butter und Sahne schon anders, weil die Kühe ein anderes Gras fressen«, erläutert Thierry Defrièches. »Und auch die Äpfel unterscheiden sich von denen, die aus dem Département Seine-Maritime stammen.«

Der mehr oder weniger säuerliche, süßliche oder bittere Geschmack der alten Apfelsorten spielt ebenfalls eine Rolle. Mit sichtlichem Vergnügen zählt der Cidre- und Calvados-Produzent ihre Namen auf: Cimetière de Blangy, Rouge-duret, Frequin rouge und Noël des Champs werden für Cidre verwendet; Reine des reinettes, Bénédictin, Calville oder Belle de Boskoop eignen sich für eine Apfeltarte, aber auch für gefüllte Ente oder Blutwurst.

> *»Jede Köchin hat ihre eigenen Geheimnisse und Kniffe, feste Regeln gibt es nicht.«*

Auch das Rezept für die normannische Apfeltarte ist als kulinarische Postkarte verewigt. Ein Mürbeteig wird mit Apfelkompott bestrichen und mit dick geschnittenen Apfelscheiben belegt. Darüber gebe man ein Gemisch aus Eiern und Crème fraîche … »In Wirklichkeit«, so Michel Bruneau, »gibt es kein offizielles Rezept. Die einen nehmen Blätterteig, die anderen Mürbeteig. Die Äpfel werden vorab mit Zucker aufgekocht oder roh verarbeitet. Man kann die Tarte mit Puderzucker bestreuen, mit Baiser überziehen, mit Calvados flambieren oder sie servieren, wie sie ist. Alles ist möglich.« Man vergesse allerdings nicht das Kännchen mit saurer Sahne zum Finale. Die Kombination aus warm und kalt, knusprig und weich – ein vollendeter Gaumenkitzel.

Törtchen mit geriebenen Äpfeln

Diese knusprigen *tartelettes fines aux pommes râpée*s sind schnell zubereitet und dabei sehr delikat.

Für 6 Personen
Vorbereitung: 25 Minuten
Garzeit: 35 Minuten

1 Packung Blätterteig
4 grüne Äpfel
Saft von 1 Zitrone
100 g brauner Zucker
2 Vanilleschoten
100 g weiche Butter

1- Aus der Teigplatte 6 kreisrunde Stücke von etwa 9 cm Durchmesser ausstechen. Die Äpfel schälen und entkernen. Mit einer Küchenmaschine grob zerkleinern und mit Zitronensaft beträufeln. Backofen auf 170 °C vorheizen (Gas Stufe 2, Umluft 150 °C).
2- Rost oder Backblech mit Backpapier auslegen. Die Teigstücke nebeneinander auf das Papier legen und die Apfelmasse in gleichmäßigen, kleinen Häufchen darauf verteilen. Mit braunem Zucker bestreuen.
3- Die Vanilleschoten der Länge nach aufschneiden und auskratzen. Vanille mit der Butter vermischen und jedes Törtchen mit einem Stück Vanillebutter belegen.
4- Die Törtchen 35 Minuten backen. Nach der Hälfte der Backzeit die Äpfel mithilfe einer Gabel auf der Teigunterlage zerdrücken. Die Törtchen sind gar, wenn sie goldgelb und leicht karamellisiert sind. Noch warm servieren.

Äpfel im Teig

Für 6 Personen
Vorbereitung: 20 Minuten
Ruhezeit: 10 Minuten
Garzeit: 30 Minuten

6 Äpfel
6 EL Apfelgelee
60 g Butter
1 Eigelb zum Bestreichen
50 g feiner Kristallzucker

Für den Teig
500 g Mehl
250 g Butter
200 ml warmes Wasser

Im Brie wird der Apfel zur Gänze mit Teig bedeckt. Der Brauch ist, in einen der Teigstücke eine Zwiebel zu setzen. Derjenige, der diese Zwiebel erwischt, kann sich daran die Zähne ausbeißen oder »die Schnauze brechen« – so auch die französiche Bezeichnung *casse-museau*.

1- In einer Schüssel Mehl und weiche Butter vermengen. Nach und nach warmes Wasser zugeben und mit den Fingerspitzen leicht verkneten. Den glatten Teig in ein Küchentuch wickeln und 10 Minuten im Kühlschrank ruhen lassen.
2- Die Äpfel waschen und im Ganzen entkernen.
3- Backofen auf 180 °C vorheizen (Gas Stufe 2–3, Umluft 160 °C). Den Teig ausrollen und in 6 Teile trennen. Auf jede Teigplatte einen Apfel setzen. Das Apfelinnere mit Gelee füllen und mit einem kleinen Stück gekühlter Butter bedecken. Die Äpfel mit dem Teig umwickeln.
4- Den Teig mit Eigelb bestreichen und 30 Minuten backen. 5 Minuten vor dem Ende der Backzeit mit Zucker bestreuen und goldgelb backen. Aus dem Ofen nehmen und erkalten lassen.

Nordwesten

Bretagne

Bretonischer Eintopf mit Teigeinlage

Für 6 Personen
Vorbereitung: 40 Minuten
Garzeit: 2 Stunden
30 Minuten

6 Möhren
2 dicke Stangen Lauch
5 weiße Rüben
1/2 Weißkohl
1 große Steckrübe
1 kg Suppenfleisch
Meersalz, Pfefferkörner
1 kg magerer Speck
1 bouquet garni
(siehe S. 14)
Für den Teig
500 g Buchweizenmehl
75 g feiner Kristallzucker
1 EL Salz
1 Ei
250 ml Milch
200 g Crème fraîche
50 g Rosinen
100 g Backpflaumen

1- Das Gemüse waschen und putzen. Ungeschnitten in einen großen Topf geben, mit Wasser bedecken und zum Kochen bringen. Suppenfleisch, 1 Hand voll Meersalz, 1 Esslöffel Pfefferkörner, Speck und *bouquet garni* hinzugeben und den Eintopf 2 Stunden 30 Minuten bei schwacher Hitze simmern lassen. Den aufsteigenden Schaum von Zeit zu Zeit abschöpfen.
2- Zur Zubereitung des Teigs Mehl, Zucker, Salz, Ei, Milch und Crème fraîche mit einem Teig-schaber vermengen. Rosinen und Backpflaumen unterrühren.
3- Den Teig in einen Stoffbeutel geben. Der Beutel sollte so groß sein, dass der Teig während des Garens noch um ein Viertel gehen kann (anstelle des Beutels kann man auch ein Küchentuch verwenden). Beutel mit Küchengarn verschließen, am Topfhenkel befestigen und in die Brühe tauchen.
4- Wenn das Fleisch gar ist, die Brühe abgießen und Fleisch, Gemüse und Speck auf einer Servierplatte anrichten. Den Beutel aus dem Topf nehmen und auf einem Brett hin- und herrollen, sodass der Teig zerbröselt. Die Teigstücke ebenfalls auf der Servierplatte anordnen, den *kig-ha farz* mit ein wenig Brühe übergießen und auftragen.

Artischocken mit Cidre

Für 6 Personen
Vorbereitung: 20 Minuten
Garzeit: 1 Stunde

1 große Zwiebel
100 g Butter
350 g gewürfelter Speck
(leicht gesalzen)
6 Artischockenherzen
Salz, Pfeffer
1/2 Flasche Cidre

1- Die Zwiebel abziehen und fein würfeln.
2- 50 Gramm Butter in einem Topf erhitzen, Speckwürfel, Zwiebel und Artischockenherzen hinzugeben. Mit Salz und Pfeffer würzen und mit Cidre ablöschen. 1 Stunde bei schwacher Hitze unter gelegentlichem Rühren garen.
3- Die Artischockenherzen unmittelbar vor dem Auftragen abgießen und auf einer Servierplatte oder auf den Tellern anrichten. Die Sauce unter Zugabe von 50 Gramm Butter kräftig mit einem Schneebesen aufschlagen.
4- Topf von der Platte nehmen, abschmecken und die Artischockenherzen mit der Cidre-Sauce überziehen.

Buchweizensuppe

Für 6 Personen
Vorbereitung: 30 Minuten
Garzeit: etwa 1 Stunde

250 g geräucherter Speck
150 g leicht gesalzene Butter
250 g Buchweizenmehl
2,5 l kaltes Wasser
1 bouquet garni
(siehe S. 14)
6 Scheiben Weißbrot
Salz, Pfeffer

1- Den Speck würfeln. In 70 Gramm Butter anbraten und darauf achten, dass die Butter nicht verbrennt. Mehl hinzugeben und 5 Minuten unter Rühren garen.
2- Mit dem Wasser ablöschen und zum Kochen bringen. Das *bouquet garni* dazugeben und die Suppe bei schwacher Hitze 1 Stunde kochen lassen. Häufig umrühren, damit die Suppe nicht ansetzt.
3- Brotscheiben in große Stücke schneiden. Die restliche Butter in einer Pfanne erhitzen. Croûtons in der Butter von allen Seiten goldbraun braten.
4- Die *soupe de blé noir* abschmecken und heiß in Suppenschüsseln füllen. Croûtons darüber geben und auftragen.

Bretonischer Sauerteigkuchen

Für 6 Personen
Vorbereitung: 15 Minuten
Garzeit: 30 Minuten

300 g feiner Kristallzucker
125 g Mehl
250 g Sauerteig
250 g weiche, leicht gesalzene Butter
1 Ei
Butter zum Ausfetten

1- Backofen auf 180 °C vorheizen (Gas Stufe 2–3, Umluft 160 °C). 50 Gramm Zucker beiseite stellen. Alle übrigen Zutaten in einer großen Schüssel mit den Fingerspitzen verkneten.
2- Eine Springform von 12 cm Durchmesser ausfetten und den Boden mit dem Teig belegen.
3- Mit dem restlichen Zucker bestreuen und 30 Minuten im Ofen backen. Den *kouing amann* aus dem Ofen nehmen, leicht abkühlen lassen und noch lauwarm servieren.

Bretonischer Kuchen mit getrockneten Pflaumen

Für 6 Personen
Vorbereitung: 20 Minuten
Garzeit: 1 Stunde

6 Eier
180 g feiner Kristallzucker
250 g Mehl
2 EL Rum
1 l Milch
100 g Rosinen
120 g Backpflaumen
(nicht entsteint)
Butter zum Ausfetten

1- Backofen auf 170 °C vorheizen (Gas Stufe 2, Umluft 150 °C). Eier und Zucker verquirlen. Mehl nach und nach einrühren und Rum dazugeben.
2- Unter ständigem Rühren die Milch hinzugeben. Der Teig soll dickflüssig und sämig sein.
3- Eine feuerfeste Form ausfetten und den Teig hineingeben. Rosinen und Backpflaumen hinzufügen und 1 Stunde lang im Ofen backen. Der *far aux pruneaux* ist gar, wenn er sich goldgelb färbt. Auskühlen lassen und servieren.

Normandie

Omelett nach Art von Mère Poulard

Spezialität aus der Gegend vom Mont-Saint-Michel

Für 6 Personen
Vorbereitung: 10 Minuten
Garzeit: 10 Minuten

18 Eier
120 g leicht gesalzene Butter
Salz, Pfeffer
6 EL Crème fraîche

1- Eiweiß und Eigelb trennen. Eiweiß zu Eischnee steif schlagen. Jeweils 3 Eigelbe verquirlen und in kleine Formen füllen.
2- 20 Gramm Butter in der Pfanne erhitzen. 3 Eigelbe unter ständigem Rühren in die heiße Butter geben.
3- Mit Salz und Pfeffer würzen. Wenn die Eigelbmasse stockt, 1 Esslöffel Crème fraîche und 2 große Esslöffel Eischnee in die Mitte geben. Die Hitze drosseln, erneut salzen und pfeffern und die Omelettränder leicht einrollen.
4- Das Omelett weitere 2 Minuten in der Pfanne garen, mit einem Pfannenschieber leicht unterheben und auf einen Teller gleiten lassen. Warm stellen. Mit den übrigen Omeletts ebenso verfahren, dabei die Pfanne nach jedem Bratvorgang mit Küchenkrepp auswischen.

Flambiertes Huhn mit Calvados

Für 6 Personen
Vorbereitung: 20 Minuten
Garzeit: 1 Stunde 10 Minuten

3 Schalotten
600 g kleine Champignons
80 g Butter
1 Landhuhn, in 6 Teile zerlegt
Salz, Pfeffer
4 EL Calvados
150 g Crème fraîche
1 Eigelb

1- Die Schalotten abziehen und fein würfeln, die Pilze putzen. Butter in einem Topf erhitzen, die kräftig gewürzten Teile vom Huhn anbraten, aber nicht bräunen. Schalotten und ungeschnittene Champignons hinzugeben. Mit 200 Milliliter Wasser ablöschen und bei schwacher Hitze 1 Stunde lang kochen lassen.
2- Wenn das Huhn gar ist, mit Calvados flambieren und auf einer Servierplatte anrichten.
3- Crème fraîche unter Rühren in den Kochsaft geben und 10 Minuten bei schwacher Hitze kochen lassen. Den Topf vom Herd nehmen, die Sauce mit dem Eigelb unter kräftigem Schlagen mit dem Schneebesen binden. Die Hühnerstücke mit der Calvados-Sauce überziehen und das *poulet vallée d'Auge* auftragen.

Makrelen in Weißwein oder Cidre

Für 6 Personen
Vorbereitung: 20 Minuten
Ruhezeit: 10 Minuten
Garzeit: 10 Minuten

1 große Zwiebel
1 Schalotte
1 Möhre
50 g Butter zum Ausfetten
6 Makrelen (vom Fischhändler vorbereitet)
1 *bouquet garni* (siehe S. 14)
Salz, Pfeffer
3/4 Flasche Weißwein oder Cidre brut

1- Die Zwiebel und Schalotte abziehen und würfeln. Die Möhre in feine Stifte schneiden.
2- Eine große Tonform ausfetten. Die Makrelen unter Wasser säubern und unzerteilt in die Form legen. Möhrenstifte, *bouquet garni*, Zwiebel und Schalotte darüber verteilen. Mit Salz und Pfeffer würzen. Backofen auf 160 °C vorheizen (Gas Stufe 1–2, Umluft 140 °C).
3- Den Weißwein oder Cidre zum Kochen bringen. Makrelen und Gemüse mit dem heißen Wein aufgießen und 10 Minuten ziehen lassen. Die Form 10 Minuten in den Ofen stellen.
4- Die Makrelen können nach dem Garen entweder als kalte Vorspeise mit Brot und gesalzener Butter oder als warmer Hauptgang serviert werden. In dem Fall reicht man sie mit Salzkartoffeln, die im Weinsud zerdrückt werden.

Normannische Kalbskoteletts

Für 6 Personen
Vorbereitung: 20 Minuten
Garzeit: 20 Minuten

2 Schalotten
500 g Champignons
80 g Butter
6 Kalbskoteletts
Salz, Pfeffer
50 ml Calvados
200 ml Cidre brut
500 g Crème fraîche

1- Die Schalotten abziehen und fein würfeln. Die Champignons putzen und in dünne Scheiben schneiden. Butter in einer großen Pfanne zerlassen. Die Koteletts in der schäumenden Butter anbraten, Schalotten und Champignons hinzugeben.
2- Koteletts mit Salz und Pfeffer würzen und wenden. Das Bratfett in ein Gefäß abgießen. Den Calvados in die heiße Pfanne geben, flambieren und mit Cidre ablösen.
3- Den Cidre auf die Hälfte reduzieren und die Crème fraîche einrühren. Die Kalbskoteletts kontinuierlich mit dem Kochsaft überziehen, bis die Sauce normande eine sämige Konsistenz erhält. Abschmecken. Die Koteletts auf die Teller geben, die Champignons darüber verteilen und mit der Sauce überziehen. Ein Püree, zur Hälfte bestehend aus Äpfeln der Sorte Golden Delicious und zur Hälfte aus Kartoffeln, eignet sich hervorragend als Beilage zu den *côtes de veau à la normande*.

Die Nordsee, die bis hinüber nach Holland strömt, Paris, wo alle Welt zusammentrifft, das Elsass, wo sich die großen Zivilisationen aus dem Osten vermischt haben ... Die Küche des Nordostens ist ein Symbol für die französische Küche insgesamt: eigenständig, aber für alles offen.

Nordosten

Muscheln mit Pommes frites im Norden

Entlang der Küsten von Flandern und der Picardie, im Artois bis hin nach Belgien haftet den *moules-frites* der Geschmack von diesigen Ferien und gemütlichen Kneipen an. Ein einfaches Gericht, ja, eine kulinarische Absurdität, an der die Pariser Starköche genauso wenig vorbeikommen wie die Könige des Fastfood.

Oben
Die Muscheln sind gar, wenn sie sich von selbst öffnen. Zuvor haben sie ein paar Sekunden lang den Topfdeckel tanzen lassen.

Rechts oben
An der Côte d'Opale sind die Ferien geprägt von Gischt und Dunst. In den Badehäuschen (hier zu sehen die von Wimereux) hat man direkt am Strand ein geschütztes Fleckchen für sich.

Rechts unten
Schnelle und professionelle Bedienung in der Brasserie *Aux moules*, dem Tempel der *moules-frites* in Lille, in dem während der alljährlichen *braderie*, dem im September stattfindenden Trödelmarkt, nur mit Mühe ein Platz zu ergattern ist.

Am Wochenende vor dem ersten Montag im September, an dem die *braderie*, der berühmte Trödelmarkt von Lille, eröffnet wird, beschäftigt das Restaurant *Aux moules*, der Tempel der *moules-frites* in Lille, regelmäßig wundersame Aushilfskellner: Ein oder zwei Personen werden damit betraut, Tag und Nacht über die anthrazitfarbene Muschelpyramide zu wachen, die sich vor der Terrasse erhebt. Die mittlerweile in der ganzen Stadt akzeptierte Tradition, direkt vor den Restaurants tonnenweise Muscheln aufzutürmen, entstand in den dreißiger Jahren aufgrund einer städtischen Sonderregelung. Damals galt es, die Abfälle zu entsorgen, die sich innerhalb weniger Festtage im Lokal anhäuften. Der Inhaber bat darum, sie auf dem Gehsteig lagern zu dürfen, was ihm auch gestattet wurde. Die übrigen Lokale zogen nach, und bald schon machte das Gerücht von einem mysteriösen Wettbewerb um den größten Muschelberg die Runde. Ein solcher Wettbewerb hat in Wirklichkeit nie stattgefunden, aber schon die Anekdote ist bezeichnend. »Vielleicht sind die Leute von hier beim Anblick der Muschelberge

an die Halden erinnert, die sich durch die Landschaft ziehen?« vermutet Patricia Dariosecq, die zu Zeiten des Trödelmarkts in der Brasserie die Abläufe koordiniert.

Ein durch und durch flämisches Produkt
Nur wenige Kilometer von der Metropole Lille entfernt, in Godewaersvelde mitten in Flandern, serviert Chris Marquet goldbraune, knusprige Fritten in seiner Dorfkneipe. Hier gehören Pommes frites zum täglichen Brot. Man isst sie zu Huhn in Biersauce, zu *potjevfleisch*, einer deftigen Grillwurst, und natürlich zu Muscheln. Die Frittenbuden auf den Dorfplätzen, die hier das Jahr über stehen, stellen das flämische Wappen zur Schau, einen sich aufbäumenden gelben Löwen auf schwarzem Grund. Sind Pommes frites nun belgisch oder französisch? Darauf hat Chris nur eine Antwort: »Flämisch sind sie, sonst nichts.«

> »Moules-frites, das ist wie andernorts in Frankreich Steak-frites, ein Basisgericht eben.«

Das bestätigt auch der Historiker Jacques Messiant, der sich seit zwanzig Jahren mit der flämischen Küche beschäftigt: »Die Flamen kannten die Kartoffel schon rund hundert Jahre, als Parmentier sie Ende des 18. Jahrhunderts im übrigen Frankreich verbreitete.« Allerdings musste sie da noch den Weg aus der Suppenschüssel in die Fritteuse finden. Wie man auf

Muscheln nach Matrosen-Art und Pommes frites

Dies ist das klassische Rezept für *moules marinières* mit Pommes frites. In Belgien verwendet man große belgische oder holländische Muscheln, bisweilen auch *Zeeland*-Muscheln. Um sie zu öffnen, nimmt man Wasser anstelle von Weißwein und gibt Staudensellerie hinzu.

Für 6 Personen
Vorbereitung: 30 Minuten
Garzeit: 20 Minuten

Für die Muscheln
1 Zwiebel
4 Schalotten
1 Bund Petersilie
6 l Miesmuscheln (*bouchot*)
150 g Butter
100 ml Weißwein

Für die Pommes frites
1 kg große Kartoffeln
3,5 l Öl oder ein anderes Frittierfett
grobes Meersalz (aus der Guérande)

1- Die Zwiebel und Schalotten abziehen und fein würfeln. Die Petersilie waschen, trockentupfen und fein hacken.

2- Für die Pommes frites Kartoffeln schälen, nach vier Seiten hin abflachen und in 5 bis 7 mm dicke Scheiben schneiden. Diese in mitteldicke Stifte schneiden. Die Stifte unter kaltem Wasser abspülen, abtropfen lassen und zum Trocknen in ein Küchentuch schlagen.

3- Das Fritierfett erhitzen. Die Kartoffelstifte in den Frittierkorb legen und 5 Minuten in das siedende Fett tauchen. Abtropfen lassen. Erneut 6 bis 8 Minuten in das Fett tauchen und dabei stets mit einer Gabel unterheben. Die goldgelben, knusprigen Pommes frites abtropfen und auf einem Tuch trocknen lassen. Salzen und während des Garvorgangs der Muscheln im Backofen warm stellen.

4- Während die Pommes frites in der Fritteuse garen, Muscheln, Butter, Weißwein, Zwiebel und Schalotten in einen großen Topf geben. Bei starker Hitze unter kräftigem Rühren 10 Minuten kochen lassen.

5- Die geöffneten Muscheln mit der Petersilie bestreuen und den Topf zusammen mit den Pommes frites servieren.

Muscheln nach Art von Alain Passard

Das risikofreudige Rezept, bei dem Weißwein durch einen Eisenkraut-Aufguss ersetzt wird, stammt von Alain Passard, dem Drei-Sterne-Koch im Pariser Restaurant *L' Arpège* aus dem VII. Arrondissement. Das Ergebnis ist rundherum überzeugend, und die Kombination mit Pommes frites erweist sich hier als kongenial.

Für 6 Personen
Vorbereitung: 20 Minuten
Garzeit: 10 Minuten

4 Schalotten
1 Zweig frisches Eisenkraut (Verbene),
5 Blätter beiseite legen
3 l Miesmuscheln (*bouchot*)
130 g Butter
Pfeffer

1- Die Schalotten abziehen und fein hacken. Das Eisenkraut waschen, trockentupfen und entstielen.

2- 20 Minuten vor dem Verzehr Muscheln, 80 Gramm Butter, Schalotten und Eisenkraut in einen großen Topf geben. Bei starker Hitze 10 Minuten kochen lassen und dabei kräftig umrühren.

3- Wenn die Muscheln sich geöffnet haben, den Muschelsud durch ein Sieb filtern und leicht reduzieren. Die restlichen Eisenkrautblätter hinzugeben und 5 Minuten ziehen lassen.

4- Den Muschelsud zum Kochen bringen, die restliche Butter in kleinen Stückchen unter kräftigem Schlagen mit einem Schneebesen dazugeben. Abschmecken. Die Muscheln aus der Schale lösen, in eine Schalenhälfte geben und auf den Tellern anrichten. Mit Eisenkrautsud überziehen und servieren.

den Gemälden Brueghels sehen kann, handelt es sich beim Frittieren um eine ursprüngliche Garform. Kleine Fische, Sprotten oder Heringe wurden an öffentlichen Plätzen in Öl oder Fett getaucht. Als eines Tages einem Koch (der, je nach Ursprung der Anekdote, aus Flandern, Wallonien oder Dunkerque stammte) die Vorräte ausgingen, kam er auf die Idee, Kartoffeln in Stifte zu schneiden, damit der Schein gewahrt blieb – die erste Stunde der Pommes frites! Heutzutage greifen Kenner zur Bintje, der Königin fetter, gut durchwässerter Böden. Sie sind leicht mehlig und gut geschützt durch eine feste Haut. Wenn sie geschält und getrocknet sind, werden sie nacheinander in zwei Ölbäder getaucht, ein erstes, nicht so heißes, damit sie weich werden, und ein zweites, siedend heißes, damit sie knusprig werden.

Zeeland oder bouchot?

Muscheln, die man in Flandern seit dem Mittelalter verzehrt, werden traditionell entweder *nature*, mit Essig oder mit Weißwein zubereitet. In der Gegend von Ostende oder Bray-Dunes beispielsweise schwört man auf die *Zeeland*-Muschel. Rund um den Hafen von Boulogne-sur-Mer, in dem Muscheln aus der ganzen Welt auf der Durchreise sind, gilt die heimische Muschel, die die Vorstellung und die Wirtschaft dieses Küstenstrichs geprägt hat, noch immer als das

Beste vom Besten. Vor etwa zwanzig Jahren brach in den ersten Stunden der Ebbe noch eine ganze Schar professioneller Muschelfänger auf, um mit der Hand säckeweise kleine, wilde Muscheln einzusammeln, die im Anschluss daran noch geschabt und gereinigt werden mussten. Die Muschelfänger werden rar, denn der Beruf ist zu anstrengend und zeitlich beanspruchend, aber einige Unbeirrbare halten weiterhin die Stellung. Mit dem Verkauf ihrer Fänge haben sie allerdings keinerlei Schwierigkeiten: Diese Muscheln werden ihnen förmlich aus der Hand gerissen.

In der Somme-Bucht schließlich wird man ohne zu zögern zur *bouchot* greifen. Sie wächst in Trauben an Eichenpfählen, wodurch sie vor Parasiten und Sand geschützt ist. Die *bouchot* hat eine schöne, leuchtend-orange Farbe und ist von unvergleichlichem Geschmack. Lange fand man sie ausschließlich rings um die Bucht von Mont-Saint-Michel. Dort hatte im 13. Jahrhundert ein Ire, der in der Aiguillon-Bucht gestrandet war, das Verfahren entwickelt.

Von der Kunst, kulinarische Gegensätze miteinander zu vereinen

So sind *moules-frites* entlang der ganzen Nordseeküste ein Inbegriff für Ferienidyll und gestreifte Matrosen-T-Shirts geworden, für lachende Möwen und Spaziergänge unter Verliebten, die schließlich in das rotdämmrige Licht der Bars eintauchen.

Ein einfaches, preiswertes Gericht, joddurchdrungen und erdig zugleich. Das Erstaunliche daran ist, dass die Kombination der beiden Hauptbestandteile entgegen jeder kulinarischen Logik gut funktioniert. Dabei gilt die Synthese von Frittiertem und Gekoch-

»Bei Muscheln und Pommes frites gehen, um mit Jacques Brel zu sprechen, das französische Flandern, Picardie, Belgien und die Niederlande nahtlos ineinander über.«

tem, von knusprigen und weichen Komponenten eigentlich als Frevel, der nichtsdestoweniger mehr und mehr um sich greift. Die Brasserie *Chez Léon*, 1893 als bescheidene Bratküche neben der Grand-Place de Bruxelles gegründet, hat sich in dieser Hinsicht zu einer Institution entwickelt. Und selbst Alain Passard, einer der renommiertesten und innovativsten französischen Küchenchefs, hat sich vor seiner Hinwendung zur vegetarischen Küche an den *moules-frites* versucht. Er empfiehlt ausschließlich *bouchots*, erteilt dem Weißwein eine Absage und bringt als persönliche Note einen Bund frisches Eisenkraut ein. Wie auch immer: Auf dem Klavier eines von Michelin mit drei Sternen ausgezeichneten Lokals liegen jedenfalls Muscheln und Pommes frites aus. Ein dem Anschein nach sehr einfaches Gericht, das sich der geschmacklichen Vielfalt, die man ihm angedeihen lässt, jedoch keineswegs versperrt.

Linke Seite, Abbildung links
Vor der Küste von Crotoy finden sich die so genannten *bouchots*, Pfähle, um die sich spiralförmig die gleichnamigen Muscheln winden.

Linke Seite, Abbildungen rechts
In Ambleteuse bei Boulogne-sur-Mer werden die wilden Muscheln noch immer mit der Hand eingesammelt. Hugues Sellier, der auch ein Restaurant betreibt, geht sommers wie winters bei Ebbe auf Muschelfang.

Oben
Rückkehr vom Muschelfang in der Somme-Bucht. Nur die Traktoren der Muschelzüchter dürfen bei Ebbe in diese sorgsam behütete Sandwüste vordringen.

Frittierte Muscheln mit Kartoffelpüree

Für 6 Personen
Vorbereitung: 30 Minuten
Garzeit: 1 Stunde

6 Kartoffeln
grobes Salz
4 l Miesmuscheln, gekocht nach
Art der *moules marinières*
(siehe Rezept S. 50)
2 Eier
80 g Mehl
60 g leicht gesalzene Butter
Pfeffer
Frittierfett

1- Kartoffeln waschen und ungeschält auf ein mit grobem Salz bestreutes Backblech legen. Im Ofen bei 180 °C (Gas Stufe 2–3, Umluft 160 °C) 40 Minuten backen. Wenn die Kartoffeln gar sind, das Innere mit einem Teelöffel aus der Schale lösen und mit einer Gabel zerdrücken.

2- Die Muscheln aus dem Sud nehmen, abtropfen lassen und aus der Schale lösen. Die Eier mit 2 Esslöffeln Wasser in einem tiefen Teller verrühren.

3- Je 10 Muscheln durch die verrührten Eier ziehen, im Mehl wenden und auf einem Teller beiseite stellen.

4- Das Frittierfett erhitzen. Den Muschelsud durch ein Sieb filtern und auf die Hälfte einkochen lassen. Die panierten Muscheln in 3 Portionen teilen und diese hintereinander in das siedende Fett geben. Etwa 5 Minuten frittieren, bis sie Farbe annehmen, und auf Küchenkrepp abtropfen lassen.

5- Den heißen Muschelsud unter Zugabe der Butter aufschlagen und nicht mehr kochen lassen. Abschmecken.

6- Die frittierten Muscheln mit Salz und Pfeffer würzen, das Kartoffelpüree 2 Minuten in einem kleinen Topf aufwärmen, auf den Tellern anrichten und mit Muschelsud überziehen. Zusammen mit den frittierten Muscheln servieren.

Überbackene Zwiebelsuppe in Paris

Zwiebelsuppe ist eines der gängigsten Gerichte in ganz Frankreich. Paris hat sie indes zur Spezialität erkoren und nach dem alten Markthallenviertel *Gratinée des Halles* getauft. Rund um die Kirche Saint-Eustache finden sich noch immer ein paar Nachtschwärmer und Morgenarbeiter, die den »Bauch von Paris« in der Dämmerung mit Leben erfüllen.

Oben
Die unter einer Schicht aus Gruyère leicht gratinierte Zwiebelsuppe – Labsal der Nachteulen.

Rechts
Das Restaurant *Pied de Cochon* im Quartier des Halles in Paris ist rund um die Uhr geöffnet.

Im ehemaligen Markthallenviertel von Paris, zwischen den schiefen Fassaden der Rue Coquillère und den Arkaden der Rue de Rivoli, heißt die frankreichweit beliebte Zwiebelsuppe nicht etwa *soupe à l'oignon*, sondern *Gratinée des Halles*. Nachtarbeiter, die sich zu Bett begeben, wenn die anderen aus den Federn kriechen, sitzen ebenso vor den dampfenden Schüsseln wie Dandys mit offenem Hemdkragen und verrutschtem Smoking und die Schönen der Nacht in ihren zerknitterten Seidenroben. Seit die Großhändler gewichen sind, hegt das entkernte und hemmungslos wieder aufgebaute Viertel mit der Sorgfalt eines Antiquars die noch verbliebenen Reste, verzinkte Tresen, handgemalte Schilder, Opalglaslampen und Spitzenvorhänge. Bestimmte Institutionen aber haben dem ständigen Wandel von Stadtbild und Moden getrotzt. Und die Zwiebelsuppe überdauert einem Ritus gleich.

Am Tresen von Madame Suzanne

Ob im *Chez Clovis*, im *Tour de Montlhéry* oder auch im *Poule au Pot*, einem alten, verrauchten Bistro, das mittlerweile Patina angesetzt hat und erst nach Einbruch der Dunkelheit seine Pforten öffnet – hier herrscht allabendlich Hochbetrieb. Auf der anderen Seite wäre das *Pied de Cochon* zu nennen: In Smoking und mit Fliege nimmt Jean-François Lecerf, der seit

> »Die Legende der überbackenen Zwiebelsuppe hat sich im Herzen von Paris, oder besser in dem von Zola unsterblich gemachten ›Bauch von Paris‹ entsponnen.«

35 Jahren zum Haus gehört, mit typisch pariserischem Akzent die Gäste in Empfang. Ganz Paris hat bei ihm getafelt. »Wie oft ist es mir passiert, dass ich an einem einzigen Abend hintereinander einen Minister und seine Leibwächter bedient habe, eine Gruppe Schauspieler, nach Ladenschluss die Metzger, Taxifahrer, ausgelassene Studenten, ein paar Unterprivilegierte, die sich aufwärmen wollten, Dirnen und Schaulustige aus der Rue Saint-Denis, Polizisten und Ärzte … Sogar Putin war privat zu Gast.«

Überbackene Zwiebelsuppe

Für 6 Personen
Vorbereitung: 15 Minuten
Garzeit: 50 Minuten

6 große Zwiebeln
80 g Butter
2 EL Erdnussöl
2 EL Mehl
1 l Hühnerbrühe
Salz, Pfeffer
1/2 Baguette
500 g geriebener Gruyère

1- Die Zwiebeln abziehen und in feine Scheiben schneiden. Die Butter in einem Schmortopf zerlassen, das Öl zugeben und 1 Minute erhitzen. Zwiebeln im Fett anbraten. Bei schwacher Hitze 15 Minuten garen, bis sie goldbraun sind.
2- Backofen auf 180 °C (Gas Stufe 2–3, Umluft 160 °C) vorheizen. Die Zwiebeln mit dem Mehl bestäuben und mit der Hühnerbrühe ablöschen. Salzen, pfeffern und bei schwacher Hitze 30 Minuten unter gelegentlichem Umrühren kochen lassen.
3- Die Baguette in Scheiben schneiden und im Ofen rösten.
4- Die Zwiebelsuppe in eine Suppenschüssel füllen oder auf sechs kleine Suppenschüsseln verteilen. Mit Baguettescheiben belegen und eine dicke Schicht geriebenen Käse darüber geben. Im Ofen überbacken und sehr heiß servieren.

Crostini mit karamellisierten roten Zwiebeln

Für 6 Personen
Vorbereitung: 25 Minuten
Garzeit: 20 Minuten

3 rote Zwiebeln
80 ml Olivenöl
12 Scheiben Landbrot
150 g frischer Parmesankäse
Salz, Pfeffer

Dieses einfache und preiswerte Gericht eignet sich sehr gut als kleine Beilage zum Aperitif.

1- Die Zwiebeln abziehen und in feine Scheiben schneiden. Das Öl in einer Pfanne erhitzen, Zwiebeln darin anbraten und bei schwacher Hitze unter ständigem Rühren 10 Minuten garen lassen. Die weichen, leicht gebräunten Zwiebeln warm stellen.
2- Backofen auf 180 °C (Gas Stufe 2–3, Umluft 160 °C) vorheizen. Die Brotscheiben rösten. Die Zwiebeln darüber geben und die Scheiben in eine große Tonform legen.
3- Jede Brotscheibe mit einem großen Stück Parmesan belegen. Mit Salz und Pfeffer würzen und im Ofen gratinieren, bis der Käse geschmolzen ist. Leicht abkühlen lassen und zu einem guten Rotwein servieren.

Überbackener Zwiebelkuchen

Während die Zwiebelsuppe sich für den Winter anbietet, eignet sich die *tarte à l'oignon* besonders als spätes Mahl an einem Sommerabend.

1- Für den Teig Mehl in eine Schüssel geben. In kleine Stückchen geschnittene Butter, Salz und Eigelb hinzugeben. Unter Zugabe von ausreichend Wasser (etwa 50 Milliliter) mit den Fingerspitzen zu einem glatten Teig verkneten. In ein Tuch wickeln und 1 Stunde im Kühlschrank ruhen lassen.

2- Eine Tortenbodenform mit dem Teig auskleiden, den Boden mehrmals mit einer Gabel einstechen und den Teig nochmals 10 Minuten im Kühlschrank ruhen lassen.

3- Die Zwiebeln abziehen und in feine Scheiben schneiden. Die Butter in einem Topf erhitzen, Zwiebeln darin anbraten und 30 Minuten bei schwacher Hitze garen. Dabei regelmäßig umrühren. Den Backofen auf 170 °C vorheizen (Gas Stufe 2, Umluft 150 °C).

4- Die Schinkenscheiben würfeln und unter die Zwiebeln mischen. Mit Salz und Pfeffer würzen. Das Schinken-Zwiebel-Gemisch auf dem Teig verteilen. Mit geriebenem Käse bestreuen und 35 Minuten im Ofen backen.

5- Den Zwiebelkuchen aus dem Ofen nehmen, mit Pfeffer würzen und warm oder kalt servieren.

Für 6 Personen
Vorbereitung: 40 Minuten
Ruhezeit: 1 Stunde 10 Minuten
Garzeit: 1 Stunde 5 Minuten

Für den Teig
250 g Mehl
125 g weiche Butter
1 Prise Salz
1 Eigelb

Für den Belag
5 große weiße Zwiebeln
100 g Butter
5 Scheiben gekochter Schinken
Salz, Pfeffer
100 g geriebener Käse

Im *Poule au Pot* hat man den ursprünglichen Dekor erhalten: »Madame Suzanne, die das Bistro in den dreißiger Jahren eröffnet hat, ist es gelungen, ihren Kupfertresen über die Zeit der Besatzung zu retten. Die Deutschen wollten ihn beschlagnahmen und zu Granaten verarbeiten«, berichtet der derzeitige Besitzer Paul Racat. »Ich habe ihr versprochen, alles beim Alten zu lassen.« So sitzen die Hungrigen in der Morgendämmerung nach alter Tradition noch immer an dem riesigen Tresen und auf den Sitzbänken aus rotem Moleskin bei einer Zwiebelsuppe und einer Karaffe Beaujolais.

Die ganze Würze von Paris

Der Brauch ist uralt. Möglicherweise geht er auf das Jahr 1135 zurück, als das Viertel seiner Bestimmung zugeführt wurde und fortan die Pariser Restaurants versorgte. Jahrhundertelang wurde hier im großen Stil mit Fleisch, Obst, Gemüse und Fischen gehandelt. Im 19. Jahrhundert entstanden im Zuge von Bauarbeiten, Renovierungen und Erweiterungen *Les Halles*, der größte Engroshandel der Welt. In *Der Bauch von Paris* erhob Zola, fasziniert vom tagtäglichen Treiben um die kreuz und quer aus ganz Frankreich eintreffenden Naturalien, jeden Morgen in den Markthallen zum Heldenepos. Später trugen die Fotografen Doisneau und Willy Ronis zur Legendenbildung bei.

> »Natürlich ist sie nicht in der Hauptstadt erfunden worden. In der Provinz gibt es nicht eine Hochzeit, die nicht im Morgengrauen mit einer Zwiebelsuppe zu Ende ginge.«

In dieser Bilderwelt hat die Zwiebelsuppe, die leicht zuzubereiten ist, nicht viel kostet und wie ein guter Glühwein all diejenigen aufwärmt, die sich die Nacht über in der Kälte zu schaffen gemacht haben, ihren angestammten Platz. Inzwischen haftet dem Gericht für alle Zeiten ein Quäntchen Großstadtjargon an. Gruyère und Emmentaler, die von den weit entfernten Almen kommen, dürften wohl fast als pariserische Käsesorten zu bezeichnen sein. Die Reste eines Baguette (das in Frankreich nicht umsonst den Beinamen *parisienne* trägt) geben die besten Croûtons ab. Der *pot-au-feu*, der für betuchtere Gäste auf dem Herd simmert, liefert die Brühe. In dieser Suppe steckt die ganze Würze von Paris.

Wenn die Nacht zum Tage wird

Nach dem Zweiten Weltkrieg ging es im Hallenviertel die ganze Nacht noch hoch her. »Der *Pied de Cochon* war von der Familie Blanc aufgekauft worden, die im Metzgereiwesen das Sagen hatte«, erinnert sich Jean-François Lecerf. »Das Restaurant, das sich gegenüber der Metzgerhalle befand, war ein Treffpunkt für Fleischereigroßhändler, Lastenträger, städtische Bedienstete, Studenten, die Handlangerdienste verrichteten, Messerschleifer, Paketträger und kleinere Schieber.« Soupieren, sich also zu einer Stunde zu Tisch begeben, da nur das Vergnügen, noch länger beisammen zu sein, dies gebietet, galt als der letzte Schrei. Dichter, Künstler, verführerische Schönheiten und Malocher – eine bestrickende und unverwüstliche Mischung.

Blutbefleckte Kittel und blauer Anton sind heutzutage allerdings rar im Quartier des Halles. Als die Sattelschlepper kamen, und 1969 dann die Eisschränke in Rungis, warfen die Großhändler einer nach dem anderen das Handtuch. Und auch wenn heute in der Morgendämmerung im *Marée de Rungis* noch hier und da eine Zwiebelsuppe zum gefüllten Kalbskopf serviert wird, ist doch nichts mehr, wie es war. Die Arbeiter sind dort jetzt unter sich und ohne die Nachtschwärmer wie verwaist, denn das Eine geht nicht ohne das Andere.

Jean-François Lecerf aber, fest verwurzelt in seiner Bastion im Hallenviertel, lässt keinerlei Zweifel aufkommen: Nicht ein Abschlussball einer Pariser Eliteschule, der nicht bei einer Zwiebelsuppe ausklingen würde, jeder DJ tankt hier nach durchschallter Nacht wieder auf, jede Premierenfeier findet hier statt. Und es sind immer noch Arbeiter da, Taxifahrer, Kellner, ja sogar Politiker, die nach Sitzungsende eintrudeln, nachdem sie sich schnell noch umgezogen haben …

Links oben
Ein paar Minuten unter dem Salamander färben die oberste Schicht aus Gruyère goldgelb.

Links unten
Die Croûtons aus echtem *Baguette parisienne* sind angerichtet. Sie geben der Zwiebelsuppe Substanz.

Oben
Gegen vier Uhr morgens im großen Saal des *Pied de Cochon*: Nachtschwärmer und Arbeiter der Frühschicht treffen aufeinander.

Nordosten

Sauerkraut im Elsass

In ganz Mitteleuropa kennt man den vermutlich aus Asien stammenden Brauch, Weißkohl gären zu lassen und so für die kalte Jahreszeit haltbar zu machen. Die Zubereitung von *choucroute* aber muss zwingend sein wie im Elsass. Hier nämlich wurde ein Regelwerk der Beilagen entwickelt, das dieses herzhafte Gericht, das heute im Elsass ebenso zu haben ist wie in den großen Pariser Brasserien, zu dem gemacht hat, was es ist.

Oben
Im *Jenny*, einer großen lothringischen Brasserie in Paris, tragen die Kellnerinnen die traditionelle elsässische Tracht. Sauerkraut eint den gesamten französischen Osten.

Rechts
Für Sauerkraut nimmt man den im Inneren einem Blätterteig ähnelnden, reinweißen und länglich geformten Weißkohl. Er wird fein gehobelt, gesalzen und in Fässern oder Bottichen zum Gären angesetzt.

Rund dreißig Kilometer von Straßburg entfernt, in der Nähe des Flughafens von Entzheim, färben sich die Felder im September in jenem zarten Grün, von dem, wie es heißt, die Kinder auf die Welt kommen: Das ist die Heimat des *Quintal d'Alsace*. Einst wurden auf jedem Hof in einer kleinen Ecke des Gemüsegartens die Samen dieser traditionellen Kohlsorte gezogen. Inzwischen werden auch Hybridformen gezüchtet. »Die neuen Varietäten haben den Vorteil, dass sie alle gleichzeitig heranreifen, sich besser konservieren lassen und vor allem maschinell geerntet werden können. Und dabei haben sie, was ihre gastronomischen Eigenschaften angeht, nichts an Qualität eingebüßt«, stellt Paul Merckling fest, Berater bei der französischen Landwirtschaftskammer Bas-Rhin. Früher wurde der Kohl auf den Feldern mit der Hand geerntet und vor Ort »blanchiert«, indem die grünen Blätter noch in der Furche abgezogen wurden. Heute gehört dieses Verfahren der Vergangenheit an. Die Bauern, die unbeirrbar einen Kohl nach dem anderen abschneiden, von Stiel und Blättern befreien und dann den Anhänger erklimmen, um die Köpfe akkurat zu schichten, sind die Ausnahme. Die meisten steuern alles vom Traktor aus und arbeiten mit Erntemaschinen.

Welcher Methode man sich hier jedoch auch bedient, die nachfolgenden Arbeitsgänge ähneln sich. Die Kohlköpfe werden vom Strunk befreit, in feine Streifen geschnitten, in Bottiche gefüllt, mit der Forke auseinander gepflückt und mit den Füßen gestampft wie frisch gelesene Trauben. Grobkörniges Salz, eine Holz- oder Betonplatte zum Beschweren, und schon am Morgen drauf sieht man feinen weißen Schaum über die Bottiche perlen: Der Gärprozess hat eingesetzt. Da es sich um eine Milchsäuregärung handelt, hat Sauerkraut mehr von Joghurt als von Wein.

»Wenn Ernte ist, spritzt und saust und wirbelt alles durcheinander und landet schließlich vor den Toren der Choucrouterie. Ob es darum schlechter wäre, ist schwer zu sagen. Auf alle Fälle aber ist es nicht mehr so schön.«

Sauerkraut aus Asien?
Auf die Frage, ob der Ruf des elsässischen Sauerkrauts auf diesem Know-how beruht, lautet die Antwort: nur zu einem Teil. Denn diese Art des Fermentierens wird mit einigen Abweichungen in vielen

Elsässisches Sauerkraut

Für 6 Personen
Vorbereitung: 30 Minuten
Garzeit: 1 Stunde 30 Minuten

1,3 kg rohes Sauerkraut
3 Knoblauchzehen
2 Zwiebeln
60 g Gänseschmalz
600 ml Riesling
2 Gewürznelken
2 Lorbeerblätter
10 Wacholderbeeren
10 Pfefferkörner
Salz
2 Eisbeinstücke
200 g geräucherter Speck
200 g gepökelter Speck
600 g gepökeltes Kotelettstück (Kasseler)
12 Kartoffeln
300 g Kalbs- oder Geflügelwürste
6 Straßburger Knackwürste
(ersatzweise Regensburger)

Bei dieser klassischen Zubereitung wird die *choucroute* unter Zugabe von Wacholderbeeren und Lorbeerblättern langsam gegart.

1- Das Sauerkraut mehrmals unter fließendem kalten Wasser waschen und überschüssige Flüssigkeit ausdrücken. Knoblauch abziehen und zerdrücken. Die Zwiebeln abziehen und grob hacken. Den Gänseschmalz in einem großen Kochtopf erhitzen und Zwiebeln und Knoblauch darin anbraten. Mit Weißwein ablöschen, die Hälfte des Sauerkrauts sowie Nelken, Lorbeerblätter, Wacholderbeeren und Pfefferkörner dazugeben und leicht salzen. Die Eisbeinstücke, den geräucherten und den gepökelten Speck und das Kasseler darauf schichten und mit dem restlichen Sauerkraut bedecken.
Den Deckel aufsetzen und alles bei schwacher Hitze 1 Stunde 30 Minuten kochen.
2- Die Kartoffeln schälen und in sprudelndem Salzwasser 30 Minuten kochen.
3- 20 Minuten vor Ende der Garzeit des Sauerkrauts die Würste mehrmals mit einer Gabel einstechen und in heißem Wasser ziehen lassen.
4- Das Sauerkraut auf einer tiefen, vorgewärmten Servierplatte anrichten, abgegossene Würste und Kartoffeln darüber verteilen und sofort auftragen.
Dazu scharfen Senf und einen guten Riesling reichen.

Teilen der Welt praktiziert. Bekanntlich in Deutschland wie auch in ganz Mitteleuropa, in Russland und bis hin nach China, wo man versichert, dass die Arbeiter an der Chinesischen Mauer sich bereits von vergorenem Kraut ernährten. Und Seefahrer wissen dank der Erfahrung von Kapitän Cook, dass ein paar Fässchen Sauerkraut vor Skorbut schützen. »Ursprünglich«, so erläutert der Historiker Roland Oberlé, »diente das Gären wie auch das Pökeln und Räuchern dazu, heimische Produkte haltbar zu machen. Im Elsass beispielsweise werden auch weiße Rüben und sogar Bohnen vergoren.«

Bei der Frage nach der Herkunft allerdings gehen die Meinungen auseinander. Nach Ansicht von Roland Oberlé ist uns die Kunst, Kohl zu fermentieren, über die Seidenstraße oder durch die Reisen Marco Polos direkt aus China überliefert. In seinem Buch *Le Chou et la choucroute* behauptet Doktor Thran Ki dagegen, die Beherrschung der Gärprozesse gehe einzig und allein auf die Nomaden in Zentralasien zurück. Fest steht, dass seit dem Mittelalter zwischen Rhein und Vogesen reichlich Sauerkraut verzehrt wurde, was heißt, dass man es aß, nicht aber als eigenständiges Gericht zubereitete. Sauerkraut wurde zu Resten gereicht. Der elsässische Küchenchef Bommard, der heute im feudalen *Kammerzell* vor dem Straßburger Münster das Regiment führt, mag sich damit rühmen, der »Erfinder« von Sauerkraut mit Fisch zu sein: Die Verbindung von Fisch und Kraut gab es schon zu Zeiten, da sich im Rhein noch Hecht und Lachs tummelten. Bommard kommt lediglich das nicht geringe Verdienst zu, die Kombination wiederentdeckt und dabei den Spötteleien seiner Kollegen getrotzt zu haben.

Die Sauerkrautstraße

Ein gewöhnliches, ja alltägliches Essen also. So belanglos, dass man bei dem Künstler Hansi, obwohl Herold der elsässischen Identität, kaum Darstellungen davon findet. Dabei ist Sauerkraut allgegenwärtig. In den Straßen von Straßburg und Colmar prangt es als kulinarisches Aushängeschild. Während einer Bangkok-Reise verfiel Philippe Schadt aus Blaesheim sogar auf die Idee, sämtlichen Touristen einen Zugang zu diesem Gericht zu verschaffen und eine *Route de la choucroute*, »Sauerkrautstraße«, ins Leben zu rufen. Auf rund dreißig Etappen kann man alle

erdenklichen Varianten ein und derselben Grundzutat erkunden. So finden sich allein auf der Karte von Philippe Schadt eine Sauerkrautquiche, Sauerkraut mit geräuchertem Schellfisch und an Festtagen sogar Frühlingsrollen mit Sauerkraut.

Thronende Würste in Hülle und Fülle

Das traditionelle Sauerkraut, dessen Zubereitung im Großen und Ganzen verbindlichen Regeln folgt, ist damit jedoch nicht vom Tisch. Der mit Wacholderbeeren und Lorbeer gewürzte Kohl wird in einer Mischung aus Gänse- und Schweineschmalz langsam zum Kochen gebracht. Man gibt Äpfel, Eisbein und elsässische Wurst hinzu. Dazu kommen Straßburger Würste, die so genannten *knacks*.

Mithin ist *choucroute alsacienne* nicht nur eine mehr oder weniger diätetische Zukost, sondern ein Gericht mit Beilage, an dem sich die gesamte Geschichte elsässischer Wurstwaren zurückverfolgen lässt. »Das, was man gemeinhin als elsässisches Sauerkraut bezeichnet«, berichtet Oberlé, »ist Ende des 19. Jahrhunderts entstanden. Wirklich bekannt geworden ist es in Paris nach dem Krieg von 1870–71.« Zwar ließen die elsässischen Metzger schon um 1860 keine Gelegenheit aus, um ihre Erzeugnisse auf Landwirtschaftsausstellungen zu präsentieren. Sie verschickten ganze Zugwaggons mit elsässischem

»Bei Yvonne in Straßburg debattieren die Europaparlamentarier zwischen zwei Sitzungen bei Sauerkraut und Würstchen.«

Bier und dem unverzichtbaren Sauerkraut. Als das Elsass jedoch unter deutsche Vorherrschaft fiel, änderten sich die Dinge von Grund auf. Etliche Elsässer (die Lipps, Jennys und Bofingers) gingen nach Paris und gründeten Lokale für die feine Gesellschaft, während sich die emigrierten Metzger und Sauerkrautfabrikanten mit ihren Kleinbetrieben am Pariser Stadtrand niederließen. Sauerkraut kam in Mode.

Wenn die Regeln erst stehen, kann man sie getrost abwandeln. Und, wie Émile Jung es getan hat, dessen Restaurant *Le Crocodile* in Straßburg mit drei Michelin-Sternen ausgezeichnet ist, zu einer Mischung aus Sauerkraut und frischem Kohl mit Koriander übergehen, wozu Froschschenkel die Beilage bilden. Oder eben der Tradition treu bleiben … In einem riesigen Festzelt, mit Sauerkrautfässern und Raspeln von Großvaters Dachboden, erweist Krautergersheim alljährlich dem Sauerkraut die Gunst und macht damit auch seinem Namen alle Ehre. Der im elsässischen »Krautstadt« heißenden Gemeinde mit dem vorbildlich gepflegten Fachwerk und den Geranien auf den Fensterbänken ist dies eine hehre Verpflichtung, denn hier dreht sich das Wirtschaftsleben noch ganz um den Anbau von Kohl und seine Verarbeitung zu Sauerkraut.

Froschschenkel und Sauerkraut mit Koriander nach Art von Émile Jung

Émile Jung, Drei-Sterne-Koch im Restaurant *Le Crocodile* in Straßburg, hat ein Gericht wiederentdeckt, das zwei wesentliche Bestandteile der elsässischen Küche miteinander kombiniert: *cuisses de grenouilles* und *chou*.

Für 6 Personen
Vorbereitung: 45 Minuten
Garzeit: 1 Stunde

1 Schalotte
30 g Butter
800 g Froschschenkel
6 EL Madeira
500 ml Kalbsfond
6 Weißkohlblätter, der Länge nach geteilt
Salz, Pfeffer
120 g Weißkohl, in 3 mm breite Streifen geschnitten
3 Zweige frischer Koriander
400 g gekochtes Sauerkraut

1- Die Schalotte abziehen und grob hacken. In der heißen Butter anbraten. Die Froschschenkel hinzugeben und Farbe annehmen lassen, mit Madeira und Kalbsfond ablöschen. 30 Minuten bei schwacher Hitze garen und dabei stets mit dem Kochsaft übergießen. Wenn die Froschschenkel gar sind, auf einen Teller geben und die Sauce auf die Hälfte einkochen lassen.

2- Die Kohlblätter 2 Minuten in Salzwasser blanchieren, trockentupfen und auf Backpapier legen. Auf einem Backblech 60 Minuten bei 60 °C im Ofen trocknen. Mit Salz und Pfeffer würzen und warm stellen.

3- Die Kohlstreifen 10 Minuten in Salzwasser kochen. 3 Messerspitzen gehackten Koriander zum Sauerkraut geben und es langsam in einem Topf aufwärmen.

4- Die Froschschenkel »glasieren«, indem man sie mehrmals mit der Madeirasauce überzieht.

5- Auf jeden Teller ein Kohlblatt setzen. Das Kraut in der Mitte der Teller anrichten. Die Froschschenkel gleichmäßig auf dem Kraut verteilen. Die restliche Madeirasauce rings um die Froschschenkel verteilen und servieren.

Sauerkraut mit Fisch

Unter den unzähligen Sauerkraut-Varianten ist *choucroute de poisson* verblüffenderweise die Abwandlung einer traditionellen Zubereitungsart und bereits jetzt ein großer Klassiker!

Für 6 Personen
Vorbereitung: 30 Minuten
Ruhezeit: 15 Minuten
Garzeit: 55 Minuten

1 kg rohes Sauerkraut
600 ml Riesling
8 Wacholderbeeren
8 Pfefferkörner
grobes Salz, Pfeffer
400 g Lachsfilet
400 g Kabeljaufilet
300 g Seezungenfilet
300 g geräucherter Schellfisch
3 Schalotten
200 ml Weißweinessig
150 g Butter
200 ml Crème fraîche

1- Das Kraut mit 500 Milliliter Weißwein, Wacholderbeeren und Pfefferkörnern in einen Topf geben. Mit grobem Salz bestreuen und etwa 40 Minuten bei schwacher Hitze garen, bis die gesamte Flüssigkeit absorbiert ist.

2- Den Fisch mit Salz und Pfeffer würzen und 15 Minuten auf einem Teller ruhen lassen.

3- Für die weiße Buttersauce Schalotten abziehen und fein würfeln. In einem Topf mit dem restlichen Weißwein und dem Essig bei sehr schwacher Hitze garen, bis die Flüssigkeit verdampft ist. Den Topf in ein Wasserbad stellen. Unter kräftigem Schlagen mit einem Schneebesen nach und nach die Butter montieren (untermixen). Crème fraîche dazugeben und die Sauce weiter leicht aufschlagen. Mit Salz und Pfeffer würzen.

4- 10 Minuten vor dem Auftragen die Fische 5 Minuten dämpfen.

5- Das Sauerkraut in einer vorgewärmten Porzellanschüssel anrichten. Die Fische auf dem Kraut verteilen und leicht mit der Buttersauce überziehen. Die restliche Sauce getrennt servieren. Als Beilage reicht man Salzkartoffeln.

Fun Ching Chen, der Küchenchef von *Soleil d'Est* (Paris), bereitet Chinakohl nach traditioneller Art zu.

Rotkohl mit Täubchen à la chinoise

Das in der Zubereitung unkomplizierte Gericht erinnert an den asiatischen Ursprung des Sauerkrauts.

1- Den Rotkohl waschen und in einer Küchenmaschine raspeln. Die Äpfel schälen, entkernen und in kleine Würfel schneiden.

2- Gänseschmalz in einem großen Schmortopf erhitzen. Rotkohl, Rotwein, Rosinen, Apfelwürfel, Koriandersamen und *bouquet garni* hinzugeben. Mit Salz und Pfeffer würzen. 40 Minuten bei schwacher Hitze garen und dabei regelmäßig umrühren.

3- Knoblauch abziehen und zerdrücken. Die Täubchen mit Salz und Pfeffer würzen und längs halbieren.

4- Öl in einer Pfanne erhitzen und die Täubchen darin anbraten. Wenn sie leicht Farbe angenommen haben, Honig und Knoblauch darüber geben. Den Honig karamellisieren. Mit Essig und Sojasauce ablöschen. Täubchen 50 Minuten garen lassen und dabei stets mit dem Bratensaft übergießen.

5- Täubchen und Sauce zum Rotkohl geben und weitere 30 Minuten schmoren lassen. Abschmecken und servieren.

Für 6 Personen
Vorbereitung: 35 Minuten
Garzeit: 2 Stunden 10 Minuten

1 Rotkohl von etwa 1 kg Gewicht
2 Äpfel (Golden Delicious)
50 g Gänseschmalz
500 ml Rotwein
100 g Rosinen
10 Körner getrockneter Koriandersamen
1 *bouquet garni* (siehe S. 14)
Salz, Pfeffer
4 Knoblauchzehen
6 kleine garfertige Landtäubchen
3 EL Erdnussöl
200 g Honig
100 ml Balsamico-Essig
300 ml Sojasauce

Norden

Waterzooï vom Huhn

Für 6 Personen
Vorbereitung: 35 Minuten
Garzeit: 50 Minuten

2 große Zwiebeln
6 Möhren
2 Stangen Lauch
1 Stange Staudensellerie
100 g Butter
1 Landhuhn, in 6 Stücke
zerteilt
4 Stängel Petersilie
1 *bouquet garni*
(siehe S. 14)
Salz, Pfeffer
500 ml Hühnerbrühe
4 Eigelbe
200 g Sahne

1- Das Gemüse waschen, putzen und in Streifen schneiden. Die Butter in einem Topf erhitzen, Gemüse hineingeben und 5 Minuten garen, aber nicht bräunen.
2- Das zerlegte Huhn zusammen mit Petersilie und *bouquet garni* hinzugeben und mit Salz und Pfeffer würzen. Mit der Hühnerbrühe ablöschen und im geschlossenen Topf 45 Minuten bei schwacher Hitze kochen lassen. Ab und zu umrühren.
3- Eigelbe und Sahne miteinander verrühren. Wenn das Huhn gar ist, Topf vom Herd nehmen und das Fleisch auf einer Servierplatte anrichten.
4- Das Ei-Sahne-Gemisch unter den Kochsaft rühren, abschmecken und die Hühnerstücke mit der Sauce überziehen. Den *waterzooï de poulet* mit gerösteten und mit Butter bestrichenen Scheiben Brot servieren.

Huhn in Biersauce

Für 6 Personen
Vorbereitung: 20 Minuten
Garzeit: 2 Stunden 40 Minuten

1 Zwiebel
300 g geräucherter Speck
50 ml Öl
1,5 kg zerlegtes Hähnchen
1 *bouquet garni*
(siehe S. 14)
50 g Mehl
1 l nordfranzösisches Bier
Salz, Pfeffer
80 g Geflügellebern
2 Scheiben roher Schinken
6 Scheiben Brot

1- Die Zwiebel abziehen und würfeln. Den Speck in kleine Würfel schneiden. Das Öl in einem Topf erhitzen, die Hähnchenteile darin anbraten und 10 Minuten goldbraun schmoren.
2- Zwiebel, Speck und *bouquet garni* hinzugeben. Die Hähnchenteile ringsum mit Mehl bestäuben und mit Bier ablöschen. Salzen und pfeffern und 2 Stunden 30 Minuten bei schwacher Hitze garen.
3- Die Geflügellebern und den Schinken klein schneiden. Die Mischung 20 Minuten vor Ende der Garzeit des Fleisches in den Topf geben und umrühren.
4- Die Brotscheiben rösten und auf eine tiefe Servierplatte legen. Hähnchenteile auf dem Brot abtropfen lassen. Die Sauce abschmecken und Fleisch und Brot damit überziehen. *Coq à la bière* sehr heiß mit Kartoffeln oder Pommes frites servieren.

Zuckerkuchen

Für 6 Personen
Vorbereitung: 10 Minuten
Ruhezeit: 3 Stunden 10 Minuten
Garzeit: 20 Minuten

Für den Teig
10 g feiner Kristallzucker
100 ml lauwarme Milch
13 g Hefe
250 g Mehl
1 Ei
125 g weiche Butter
1 Prise Salz

Für den Belag
2 Eier
2 EL Crème fraîche
80 g hellbrauner Zucker

1- Für den Teig den Zucker in lauwarmer Milch auflösen und Hefe hineinbröckeln. 10 Minuten ruhen lassen.
2- Mehl in eine flache Schüssel geben, in die Mitte eine Mulde drücken. Ei, in kleine Stückchen geschnittene Butter und Salz hineingeben, die Milch mit der Hefe nach und nach zugeben. Zu einem glatten Teig verkneten und 1 Stunde bei Zimmertemperatur an einem zugfreien Ort gehen lassen.
3- Den Teig mit einem Nudelholz ausrollen und einen Springformboden damit auskleiden. Noch einmal 2 Stunden bei Zimmertemperatur gehen lassen.
4- Den Backofen auf 210 °C vorheizen (Gas Stufe 4, Umluft 180 °C). Für den Belag Eier und Crème fraîche verquirlen, auf dem Teig verteilen und dabei einen Rand von 2 cm lassen. Den Belag mit hellbraunem Zucker bestreuen und die *tarte aux sucre* 20 Minuten backen.

Lothringen

Quiche lorraine

Für 6 Personen
Vorbereitung: 20 Minuten
Ruhezeit: 1 Stunde 10 Minuten
Garzeit: 40 Minuten

Für den Teig
250 g Mehl
125 g weiche Butter
1 Prise Salz
1 Eigelb

Für den Belag
125 g geräucherter Speck
4 Eier
500 g Crème fraîche
Salz, Pfeffer
80 g geriebener Käse
(nach Belieben)

1- Für den Teig Mehl in eine Schüssel geben, die in kleine Stückchen geschnittene Butter, Salz und Eigelb hinzugeben. Mit ausreichend Wasser (etwa 50 Milliliter) zu einem sehr glatten Teig verkneten. In ein Küchentuch wickeln und 1 Stunde im Kühlschrank ruhen lassen.
2- Einen Springformboden mit dem Teig auskleiden, den Teig mehrfach mit einer Gabel einstechen und weitere 10 Minuten im Kühlschrank ruhen lassen.
3- Den Backofen auf 180 °C vorheizen (Gas Stufe 2–3, Umluft 160 °C). Für den Belag Speck in Würfel schneiden. Eier und Crème fraîche verquirlen und mit Salz und Pfeffer würzen.
4- Die Form aus dem Kühlschrank nehmen, die Speckwürfel und nach Belieben den Käse auf dem Teig verteilen und das Eiergemisch darüber geben. Die Quiche 40 Minuten im Ofen backen.
5- Wenn die Oberfläche goldbraun ist, Quiche aus dem Ofen nehmen und vor dem Servieren 15 Minuten abkühlen lassen.

Elsass

Gugelhupf

Für 6 Personen
Vorbereitung: 30 Minuten
Ruhezeit: 2 Stunden
Garzeit: 1 Stunde

15 g Hefe
150 ml lauwarme Milch
500 g Mehl
220 g weiche Butter und
50 g zum Ausfetten
40 g feiner Kristallzucker
1 Prise Salz, 3 Eier
1 EL Kirschwasser
150 g Rosinen
100 g Crème fraîche
50 g gehobelte Mandeln
20 g Puderzucker

1- Die Hefe in lauwarmer Milch auflösen. In einer Schüssel Mehl, die in Stückchen geschnittene Butter, Zucker, Salz und Eier vermischen. Nach und nach Milch mit der Hefe zugeben. Kirschwasser und Rosinen untermengen. Crème fraîche hinzugeben und den Teig so lange kneten, bis er nicht mehr klebt.
2- Eine Gugelhupf-Form ausfetten, den Boden mit den gehobelten Mandeln bestreuen und den Teig hineingeben.
3- Abgedeckt etwa 2 Stunden an einem warmen Ort gehen lassen. Backofen auf 170 °C vorheizen (Gas Stufe 2, Umluft 150 °C).
4- 1 Stunde im Ofen backen. Den *kouglof* aus der Form lösen und mit Puderzucker bestreuen.

Baeckenofe

Für 6 Personen
Vorbereitung: 30 Minuten
Marinade: 1 Nacht
Garzeit: 2 Stunden
30 Minuten

4 große Zwiebeln
4 Knoblauchzehen
300 g Lammschulter
300 g Schweineschulter
300 g Rindfleisch (Bug)
1 gekochter Schweinefuß
1 *bouquet garni*
(siehe S. 14)
1 Flasche elsässischer Weißwein
900 g Kartoffeln
50 g Butter zum Ausfetten
Salz, Pfeffer

1- Am Vorabend 2 Zwiebeln abziehen und würfeln. Knoblauchzehen abziehen und zerdrücken. Das in Stücke geschnittene Fleisch zusammen mit *bouquet garni*, Zwiebeln, Knoblauch und der Hälfte des Weißweins über Nacht in einer tiefen Schüssel marinieren.
2- Am nächsten Tag die beiden übrigen Zwiebeln abziehen und in dünne Scheiben schneiden. Kartoffeln schälen und ebenfalls in dünne Scheiben schneiden. Eine große Terrine ausfetten und den Boden mit etwa zwei Dritteln der Kartoffeln und der Zwiebeln auslegen. Backofen auf 160 °C vorheizen (Gas Stufe 1–2, Umluft 140 °C).
3- Das marinierte Fleisch zusammen mit dem eingelegten Knoblauch und dem *bouquet garni* in die Terrine geben. Mit der gesiebten Marinade und dem restlichen Weißwein übergießen. Salzen und pfeffern.
4- Die restlichen Zwiebeln darüber verteilen und mit den noch übrigen Kartoffelscheiben bedecken.
5- Terrine mit dem Deckel verschließen und 2 Stunden 30 Minuten in den Ofen stellen. Während der Garzeit den Deckel nicht abnehmen. Die Terrine auftragen und den Deckel vor den Gästen öffnen, damit sie in den Genuss des köstlichen Duftes kommen.

Flammenküche

Für 6 Personen
Vorbereitung: 20 Minuten
Garzeit: 35 Minuten

3 große Zwiebeln
70 g Butter
250 g geräucherter Speck
600 g Brotteig
250 g Crème fraîche
20 ml Rapsöl
Salz, Pfeffer

1- Die Zwiebeln abziehen und in dünne Scheiben schneiden. Die Butter in einer Pfanne erhitzen, Zwiebeln darin anbraten und 20 Minuten unter ständigem Rühren garen, aber nicht braun werden lassen.
2- Den Speck in Würfel schneiden, auslassen und goldbraun färben. Den Backofen auf höchster Stufe vorheizen.
3- Mit dem Nudelholz 6 Rechtecke von 5 mm Dicke aus dem Teig formen. Crème fraîche, Zwiebeln und Speck gleichmäßig auf alle Rechtecke verteilen, mit Salz und Pfeffer würzen und 10 Minuten in den Backofen stellen.
4- Wenn sie goldgelb und knusprig sind, Flammenküche aus dem Ofen nehmen und einen Spritzer Rapsöl darüber geben. Sofort auftragen. Dazu passt ein gut gekühltes Bier.

Ardennen

Schweinefüße nach Art von Sainte-Menehould

Für 6 Personen
Vorbereitung: 30 Minuten
Einlegezeit: 3 Stunden
Garzeit: 4 Stunden
30 Minuten

6 Schweinefüße (vom Metzger gründlich gereinigt)
500 g grobes Salz
2 Schalotten
1 Zwiebel
2 Knoblauchzehen
2 Möhren
1 *bouquet garni*
(siehe S. 14)
200 ml Weißwein
2 Gewürznelken
Salz, Pfeffer
100 g Butter
2 Eier
250 g Paniermehl

1- Die Schweinefüße mit grobem Salz bedeckt 3 Stunden ziehen lassen. Die Schalotten und Zwiebel abziehen, Knoblauch abziehen und zerdrücken. Die Möhren schälen. Jeden Schweinefuß mit schmalen Stoffstreifen umwickeln, damit er sich nicht während des Kochvorgangs öffnet.
2- In einen mit Wasser gefüllten Topf Zwiebel, Schalotten, Knoblauch, Möhren, *bouquet garni* und Schweinefüße geben. Den Weißwein zugießen. Mit Gewürznelken, Salz und Pfeffer würzen und 4 Stunden bei schwacher Hitze garen.
3- Wenn das Fleisch zart ist, Schweinefüße aus dem Topf nehmen und abtropfen lassen. Die Stoffstreifen lösen und die Füße der Länge nach aufschneiden.
4- Die Butter zerlassen. Eier aufschlagen und verquirlen. Die *pieds de porc* durch die Eier ziehen, im Paniermehl wenden und 30 Minuten auf einem Holzkohlengrill oder unter dem Backofengrill rösten und dabei mit der zerlassenen Butter übergießen.
Sehr heiß mit Senf und Erbsenpüree servieren. Wenn die Füße paniert sind, kann man sie auch in der Pfanne anbraten und in der zerlassenen Butter bräunen. Auf dieselbe Art lassen sich auch Kalbskopf und Kalbsfüße zubereiten.

Zentrum

Bœuf bourguignon im Charolais

Im Hinterland von Cluny hat sich das Charolais-Rind entwickelt, das heute zu den besten Rindersorten Frankreichs zählt. Hier gibt es weit und breit nichts als Weiden, Märkte und Bocage. Nur mit knapper Not ergattern ein paar Weinstöcke ein unauffälliges, kleines Eck für sich. Ohne Wein ist die burgundische Küche jedoch schlechterdings nicht vorstellbar.

Oben
Rings um die Markthalle in Saint-Christophe-en-Brionnais zieht sich eine steinerne Mauer. Dort werden, in der Regel in bar oder per Scheck, die Geschäfte abgewickelt, die beim wöchentlichen Viehmarkt zustande kommen.

Rechts
Crèmefarbenes Fell, kräftiger Nacken, ruhiges Gemüt: Die Charolais-Rasse wird seit fast zwei Jahrhunderten immer mehr verfeinert. Das vollendet durchwachsene, saftige Fleisch ist mittlerweile überall zu haben und die Grundlage für das berühmte *Bœuf bourguignon*.

In seinem Restaurant auf der Place de Poisson bei Charolles, das jeden Sonntag ausgebucht ist, hat Jean-Noël Dauvergne mit einem *Duo de charolais* eine lokale Kuriosität kreiert. Auf ein und demselben Teller finden sich ein à point gegrilltes Rumpsteak und ein köstliches *Bourguignon*. Es gilt nicht nur, die Klasse eines Fleisches anhand seiner schönsten Stücke hervorzuheben, sondern auch, die Kunst der Zubereitung glanzloser Bestandteile unter Beweis zu stellen. Jean-Noël ist in dieser Gegend zwischen Charolais und Brionnais zu Hause, durch die einst der Geist der mächtigen Abtei von Cluny wehte. Sein Leben stand immer ganz im Zeichen der Rinder. Er hat sich zwischen der Provinzmetropole Charolles und dem Marktflecken Saint-Christophe-en-Brionnais niedergelassen, dessen Viehmarkt soeben für fünfhundert Jahre Gelage und gute Geschäfte gefeiert wurde. Jean-Noël hat noch immer den Duft der Bourguignon-Rinder in der Nase, die den ganzen Vormittag über auf dem Holzofen seiner Großmutter leise vor sich hin schmorten. Tag für Tag huldigt er diesem einfachen und zugleich kunstvollen Gericht. Ein Familienessen, mit dem er eine fast intime Erinnerung verbindet.

Familienessen

Bœuf bourguignon findet sich nur selten auf den Speisekarten der Touristenlokale im Burgund. Dieses französische Nationalgericht stammt jedoch in der Tat von hier, und man entdeckt es auch zufällig einmal auf einer Tageskarte in einer Dorfkneipe, in die der örtliche Straßenbaubeamte und der Briefträger auf die Schnelle einkehren. Oder sonntags, wenn die

> »Ein preiswertes Gericht, leicht aufzuwärmen bei zahlreichen Mitessern, und vor allem stammt es aus unserer Gegend.«

Familien in den Küchen der steinernen Bauernhäuser zusammenkommen. Oder aber anlässlich eines Dorffestes, wenn für große Gesellschaften aufgetischt wird. »Hier in der Gegend gibt es ein *Bœuf bourguignon*, das geradezu als heilig gilt. Es wird am zweiten Samstag im September für alle Nachbarn des Landstrichs zubereitet«, erzählt Pierre Grillet, ein Rinderzüchter, der in Vitry lebt, einem Vorort von Paray-le-Monial. Er weiß noch zu berichten, wie es früher zuging, wenn man vom Viehmarkt zurückkam

Bœuf bourguignon

Das Geheimnis eines guten *Bœuf bourguignon* besteht darin, dass man das Fleisch stundenlang bei sehr schwacher Hitze garen lässt.

Für 6 Personen
Vorbereitung: 30 Minuten
Garzeit: 3 Stunden

4 Knoblauchzehen
150 ml Erdnussöl
1 kg Rinderschmorbraten, in große
Stücke geschnitten
1 *bouquet garni* (siehe S. 14)
50 g Mehl
2 l Rotwein
500 ml Kalbsfond
Salz, Pfeffer
300 g kleine Zwiebeln
50 g Butter
30 g feiner Kristallzucker
250 g Champignons
300 g Speckstreifen

1- Den Knoblauch abziehen und zerdrücken. 100 Gramm Öl in einem Topf erhitzen. Das Fleisch von allen Seiten anbraten. Die Hitze drosseln, *bouquet garni* und Knoblauch dazugeben und mehrere Minuten simmern lassen. Unter Rühren das Mehl hinzugeben.
2- Mit Rotwein ablöschen. Den Kalbsfond zugeben und mit Salz und Pfeffer würzen. Den aufsteigenden Schaum abschöpfen und das Fleisch 3 Stunden unter gelegentlichem Rühren kochen lassen.
3- Die Zwiebeln abziehen. Butter und Zucker erhitzen, die Zwiebeln darin karamellisieren. Mit 100 Milliliter Wasser ablöschen und warm stellen.
4- Die Champignons putzen und halbieren. In einer Pfanne das restliche Öl erhitzen. Champignons und Speck darin anbraten und 5 Minuten goldbraun färben. Mit den Zwiebeln vermengen.
5- Das gegarte, zarte Fleisch auf einer Servierplatte anrichten, Zwiebeln, Champignons und Speck mit ihrem Kochsaft in die Sauce geben.
6- Mehrere Minuten kochen lassen und abschmecken. Das Fleisch mit der Sauce überziehen und sehr heiß mit Nudeln oder Salzkartoffeln auftragen.

Oben links
In Kittel und mit Schirmmütze:
Auf dem Viehmarkt von Saint-
Christophe-en-Brionnais finden
sich sämtliche Züchter, Mäster
und Fleischhändler der Region
ein.

Oben rechts
Blick auf einen Viehtransporter
am Markttag.

und eine Kuh hätte verkaufen müssen, und dann das zähe Ringen mit dem Metzger begann, der damals nicht unbedingt einen ordnungsgemäß registrierten Schlachthof einschaltete. »Wenn der Preis feststand und beide ordentlich gefeilscht hatten, sprach man den Metzger auf das *Bourguignon* an, als Zulage. Oder auf ein Stück Suppenfleisch für den *pot-au-feu*. Normalerweise trat er es einem auch ab, das war kein großes Verlustgeschäft für ihn.«

Bœuf bourguignon ist ein bescheidenes, volkstümliches, bäuerliches Mahl – und ein Festessen für den heimlichen Genießer. Die Antithese zum Roastbeef etwa, wenn nicht gar ein Stiefkind des Schmorbratens. Selbst der Rotwein, mit dem man es begießt, vermag es nicht zu adeln. Nur ein Purist wie Jean-Noël Dauvergne gibt wenigstens einen Givry oder einen Rully in den Topf. Ein ganz einfacher Wein tut es auch. Schwer und vollmundig muss er allerdings sein, so wie die Weine, die man früher auf jedem Bauernhof selber machte.

Das französische Vorzeigerind

Ihr kleines sonntägliches Vergnügen in den Stand eines Nationalgerichts zu erheben und zu einem Klassiker jedes Küchenlehrbuchs zu machen, war den Menschen im Burgund ein Leichtes. Die Charolais-Rasse nämlich stammt nicht etwa aus dem Charolais, sondern aus Oyé im Brionnais, rund vierzig

Kilometer von Charolles entfernt. Eine Hand voll Häuser, ein Rathaus, ein Café-Restaurant, in dem man bei Festessen für die älteren Herrschaften *Bourguignon* serviert, und ein Schild, das mit seiner schlichten Aufschrift »Wiege der Rasse« Farbe bekennt.

> »Nur wenige Restaurants haben es auf der Speisekarte: Bœuf bourguignon ist ein Gericht für den heimischen Herd.«

Brionnais, Charolais … Dem Besucher auf der Durchreise, für den eine Wiese oder Hecke wie die andere ist, entgeht der feine Unterschied. Für den Profi aber ist er Gold wert. Denn im Brionnais ist das Gras angeblich noch besser, noch fetter, von noch ausgeprägterem Eigengeschmack. Die Geschichte geht auf das 18. Jahrhundert zurück, als zwei Züchter ein Gespür für das entwickelten, was man heutzutage als »Marktentwicklung« bezeichnet. Die größer werdenden Städte, das Aufkommen eines wohlhabenden, mit Vorliebe Fleisch verzehrenden Bürgertums schufen Bedürfnisse, die von hinfälligen Milchkühen allein nicht mehr befriedigt werden konnten. Folglich ging man dazu über, Schlachtvieh zu züchten und unter diesem Gesichtspunkt eine Auswahl zu treffen.

Vorerst galt das Augenmerk der beiden Züchter der nächstgelegenen größeren Stadt, Lyon. Dann steckten sie ihre Ziele noch höher und trieben in 17-tägigen Fußmärschen Großherden von bis zu tausend Stück Vieh nach Paris. Vor allem aber legten sie die Standards für die neue Rasse fest. Das Charolais wurde nur des Fleisches halber gezüchtet, alles in allem also wegen eines vollendet durchwachsenen, saftigen Riesenmuskels. Zwei Jahrhunderte Zuchtausstellungen und Körungen taten ein Übriges: immer schwerer, immer schöner. Das bei jeder Land-

wirtschaftsmesse mit der blau-weiß-roten Schleife ausgezeichnete Charolais mauserte sich zum Vorzeigerind Frankreichs.

Der Viehmarkt – eine Institution

Eine solche Beförderung kurbelt natürlich die Geschäfte von Viehhändlern, Metzgern und Mästern (der die Tiere mästet, nicht aber züchtet) an, die sich seit dem Mittelalter regelmäßig in Saint-Christophe-en-Brionnais einfinden. Über den merkwürdigen, an sechs Tagen der Woche verschlafenen Flecken bricht am siebenten Tag jäh eine Flut Menschen herein, die für hektisches Treiben sorgt. Jeden Donnerstagmorgen drehen dort bekittelte Männer mit Schirmmützen ihre Runden, taxieren, begutachten und vermessen mit bloßem Auge die hellbeigen Tiere, die sich in verschiedenen Kategorien präsentieren, Muttertiere, Färsen oder, noch besser in diesen verdächtigen Zeiten, »Tiere mit Herkunftsbezeichnung«.

Und im Anschluss daran wird in einem der vier Restaurants der Gegend gefeiert. Was isst nun ein kundiger Viehmarktgeher am liebsten? Kalbskopf oder *pot-au-feu*, »Denn das gibt Kraft«, schmettert einem die Chefin vom *Restaurant du Midi* entgegen, das auch als Stehkneipe, Tabakladen und Sitz des örtlichen Fußballvereins fungiert. Das auf kleiner Flamme mit kleinen Zwiebeln, Thymian und Wein gegarte Rindfleisch, das *Bœuf bourguignon*, ist für die restlichen Tage der Woche gedacht, für den Alltag eben.

Oben links
Henri Velut, Mäster und Züchter
aus dem Brionnais.

Oben rechts
Die Ochsen, die früher zur
Feldarbeit herangezogen
wurden, weichen mehr und
mehr den Kühen.

Huhn in Rotweinsauce

In der Bourgogne wird der *coq au vin* auf dem Land genauso zubereitet wie das *Bœuf bourguignon*, denn auch das Huhn muss lange schmoren.

Für 6 bis 8 Personen
Vorbereitung: 40 Minuten
Garzeit: 3 Stunden

1 große Zwiebel
2 Knoblauchzehen
50 ml Öl
1 Hähnchen, in große Stücke zerteilt
1 *bouquet garni* (siehe S. 14)
1 EL Mehl
2 l Rotwein (Burgunder)
Salz, Pfeffer
250 g Perlzwiebeln (*oignons grelots*)
130 g Butter
1/2 TL feiner Kristallzucker
300 g Speckstreifen
300 g Champignons
3 Stängel glatte Petersilie

1- Die Zwiebel abziehen und grob hacken. Den Knoblauch in der Schale zerdrücken. Das Öl in einem Topf erhitzen. Die Hähnchenstücke von allen Seiten anbraten. Zwiebel, Knoblauch und *bouquet garni* dazugeben. Die Hitze drosseln und Fleisch und Gemüse 5 Minuten kochen lassen. Unter Rühren das Mehl hinzugeben.
2- Mit Rotwein ablöschen. Mit Salz und Pfeffer würzen und das Hähnchen bei schwacher Hitze 3 Stunden garen.
3- Eine Stunde vor dem Verzehr die kleinen Zwiebeln abziehen. 50 Gramm Butter in einem Topf erhitzen. Zwiebeln in der schäumenden Butter anbraten, Zucker und Speck hinzugeben und mehrere Minuten kochen lassen.
4- Die Champignons putzen und halbieren und zu den Zwiebeln und dem Speck geben. Weitere 10 Minuten kochen lassen.
5- Unmittelbar vor dem Auftragen die Hähnchenteile auf eine Servierplatte geben, die Champignonmischung mit dem Kochsaft in die Weinsauce geben und erneut aufkochen. Die Sauce unter Zugabe der restlichen Butter kurz aufschlagen.
Abschmecken und das Fleisch mit der Sauce überziehen. Mit Petersilie dekorieren und sehr heiß mit Salzkartoffeln oder frischen Nudeln servieren.

Gemüse à la bourguignonne

In Anlehnung an das traditionelle *Bourguignon*-Rezept wird hier anstelle von Fleisch Gemüse in Wein geschmort.

Für 6 Personen
Vorbereitung: 40 Minuten
Garzeit: 55 Minuten

1 große Zwiebel
3 Knoblauchzehen
2 Äpfel (Golden Delicious)
400 g Möhren
300 g Champignons
1 Stange Lauch
250 g Saubohnen
1 Bund Estragon
3 Stängel Petersilie
50 g Butter
300 g Speckstreifen
1 *bouquet garni* (siehe S. 14)
Salz, Pfeffer
1 l Rotwein
200 ml Kalbsfond

1- Die Zwiebel abziehen und hacken, den Knoblauch abziehen und zerdrücken. Die Äpfel schälen und vierteln, Möhren schälen und in dünne Scheiben schneiden, Champignons putzen. Den Lauch waschen und putzen und in 10 Stücke schneiden. Die Bohnen 1 Minute in kochendem Wasser pochieren und die Haut abziehen. Estragon und Petersilie waschen, trockentupfen und grob hacken.
2- Die Butter in einem großen, schweren Topf erhitzen. Zwiebel, Knoblauch und Speck darin anbraten und goldbraun färben. Champignons, Möhren, Lauch und *bouquet garni* hinzugeben. Mit Salz und Pfeffer würzen und mit Rotwein ablöschen. Bei schwacher Hitze die Flüssigkeit auf die Hälfte einkochen.
3- Kalbsfond zugeben und das Gemüse 40 Minuten simmern lassen. Äpfel und Bohnen hinzugeben und weitere 10 Minuten bei schwacher Hitze garen.
4- Abschmecken und die frischen Kräuter 5 Minuten in der Sauce ziehen lassen. Sofort servieren.

Zentrum

Stockfisch im Aveyron

Im örtlichen Dialekt heißt Stockfisch *estofi*. Im Aveyron bereitet man eine Variante der provenzalischen *brandade* auf der Grundlage dieses getrockneten, aber ungesalzenen Kabeljaus zu. Zwar ist das Rezept, das das Herz Frankreichs mit dem Atlantik verbindet, so alt wie der Lot, doch wurde es erst im letzten Jahrhundert von den Minenarbeitern in Decazeville wiederentdeckt.

Oben
Stockfisch, der einst von Bordeaux den Lot hinauftransportiert wurde, ist so hart, dass er mit der Säge zerteilt werden muss.

Rechts
In ihrem kleinen Landgasthaus am Ufer des Lot kochen die Damen Druilhes in den ersten Herbsttagen *estofinado*. Aus dem ganzen Département kommen die Gäste, um von dieser überlieferten Spezialität zu kosten, deren Zubereitung sehr aufwändig ist.

Mit bebender Stimme erzählt Pierrot von jenen Sonntagen im Kreis der Familie, als er es sich richtig gut gehen ließ. 32 Jahre im Stollen und vierzig Jahre Pension – seine Erinnerungen reichen in die Zeit zurück, als Decazeville noch die wohlhabende Metropole des »Pays Noir«, der französischen Bergwerksregion war. Damals gab es einen Bahnhof und die Geschäfte waren gut besucht. Am Ende der Straßen türmte sich die Schlacke, am Horizont ragten die Schornsteine in die Lüfte, und man schwitzte wochenlang in den Stollen. Da ließ sich Pierrot sonntags nicht lumpen. »Wir waren relativ gut bezahlt, wir fuhren rauf aufs Plateau nach Almon-les-Junies und schlemmten gefülltes Huhn, Wurst und Schinken. Und dann kam das *estofinado*. Wenn man es nur sah, kriegte man schon wieder Appetit.« Almon-les-Junies, das ist das Ende der Welt. Jedes Jahr im Herbst, wenn der neue Wein da ist, fährt Pierrot wie eh und je mit dem Bus nach Almon. Dort oben ist noch alles beim Alten. Die drei

Cafés aus seiner Jugendzeit gibt es immer noch. Angeblich gehen die Geschäfte sogar eher besser, seit Gäste aus dem ganzen Südwesten anreisen, um diese wundersame *brandade* mit Eiern und Walnussöl zu kosten, die nicht mit gesalzenem, sondern mit ungesalzenem getrockneten Kabeljau zubereitet wird, mit Stockfisch eben. Dieser heißt im örtlichen Dialekt *estofi*, daher auch der Name *estofinado*.

> *»Die Alten können sich noch erinnern, dass der Stockfisch früher direkt in die Bäche oder in den Dorfbrunnen gehängt wurde.«*

Ein Kabeljau, der sich auf die Hochebene von Rouergue verirrt hat

In den mittlerweile dreißig Jahren, die Gabriel Romiguière nun schon Bürgermeister von Almon-les-Junies ist, hat er seine Sache immer sehr ernst genommen. Im vergangenen Jahr hat er sich sogar eine Reise geleistet, die ihn zu den Ursprüngen auf die weit entfernte norwegische Inselgruppe der Lofoten geführt hat. Daraufhin ließ er den Kreisverkehr am Dorfeingang mit einem kleinen Gestell zum Trocknen von Kabeljau dekorieren, wie es sie dort oben auch gibt, und ließ überall Schilder aufstellen, auf denen zu lesen steht »Almon-les-Junies, Hauptstadt des *estofinado*«. Er selbst erweist sich als

Für 6 Personen
Vorbereitung: 45 Minuten
Einweichzeit: 24 Stunden
Garzeit: 2 Stunden 45 Minuten

500 g Stockfisch (getrockneter,
ungesalzener Kabeljau)
1 Zwiebel
6 Knoblauchzehen
2 Lorbeerblätter
1 *bouquet garni* (siehe S. 14)
800 g kleine, fest kochende Kartoffeln
5 Eier
1 Bund Petersilie
Salz, Pfeffer
100 ml Walnussöl
100 g Crème fraîche (nach Belieben)

Stockfisch aus Aveyron

Ein *estofinado* braucht seine Zeit. Zeit, um den Fisch einzuweichen und ihn zu kochen. Die Alten erinnern sich noch, dass der Stockfisch damals direkt in die Bäche oder in den Dorfbrunnen gehängt wurde.

1- Den Stockfisch am Vorabend in einem großen Behälter mit kaltem Wasser einweichen. Das Wasser regelmäßig erneuern.

2- Am darauf folgenden Tag den Stockfisch in große Stücke zerteilen. Die Zwiebel abziehen und hacken. 3 Knoblauchzehen abziehen.

3- Den Fisch zusammen mit Zwiebel, Knoblauch, Lorbeerblättern und *bouquet garni* in einen großen Topf geben. 1 Liter kaltes Wasser zugeben und bei schwacher Hitze etwa 2 Stunden garen. Den Fisch im Sud erkalten lassen. Die Fischstücke herausnehmen und zerpflücken, dabei die Gräten entfernen.

4- Die Kartoffeln in der Schale 30 Minuten in kochendem Salzwasser weich kochen. Kartoffeln abgießen, pellen und grob zerkleinern.

5- Die Eier 10 Minuten kochen, abschrecken, pellen und in kleine Würfel schneiden.

6- Die Petersilie waschen, trockentupfen und hacken. Die übrigen Knoblauchzehen abziehen und zerdrücken. Den Fisch mit Kartoffeln, Eiern, Knoblauch und Petersilie in einem Topf vermengen und abschmecken.

7- Das Walnussöl erhitzen. Kurz vor dem Siedepunkt vom Herd nehmen und dem Stockfisch zugeben. Die Mischung 2 Minuten bei starker Hitze erwärmen, zuletzt die Crème fraîche unterrühren und nicht mehr kochen. Sehr heiß servieren.

Gabriel Romiguière, der Bürgermeister von Almon-les-Junies ist stolz auf seine Gemeinde, die zur »Welthauptstadt des *estofinado*« erklärt wurde. Von seiner Studienreise auf die Lofoten hat er ein Gestell zum Trocknen von Kabeljau mitgebracht, das jetzt am *Rond-point* vor dem Dorf seinen Platz hat.

unschlagbar auf dem Gebiet. »Wenn man sagt, dass man den Stockfisch wässert, ist es schon vorbei«, erklärt er. »Denn das gilt nur für herkömmlichen Stockfisch. Auch wenn es sich ursprünglich um den gleichen Fisch handelt, Kabeljau oder Schellfisch, die Zubereitung ist eine andere. Unser Stockfisch wird nur getrocknet und nicht gesalzen.«

Wenn man hört, dass ein brettharter Fisch, der mit der Säge zerkleinert wird, bevor man ihn mindestens eine Woche lang einweicht, das kulinarische Sinnbild der südwestlichen Ausläufer des Zentralmassivs sein soll, vom nördlichen Aveyron bis zu den Kastanienwäldern im Cantal, ist man zunächst merkwürdig berührt. Über die Einführung des Stockfisches im Aveyron sind mehrere Theorien im Umlauf: Da ist von einem Geschenk die Rede, das

die Wikinger der Auvergne auf der Durchreise hinterlassen haben sollen, auch führt man einen Hinweis auf Pilger auf dem Jakobsweg ins Feld, andere wiederum glauben an eine Eroberung hiesiger Kadetten während eines Hollandfeldzugs oder an eine Erfindung von Veteranen der napoleonischen Armee. Allein die Vielfalt dieser Theorien beweist, dass dieses Gericht, bei dem Mythos und Realität ineinander übergehen, tief in der Gegend verwurzelt ist. Die einzig handfeste Spur indes ist eine Klageschrift aus dem Jahr 1780. Ein Händler aus Villefranche-de-Rouergue hatte vor dem Handelsgericht in Montauban einen zweiten zur Rechenschaft gezogen, wegen einer unbezahlten Lieferung *stofic*.

Die Geheimnisse des Stockfisches

Vieles deutet allerdings darauf hin, dass der Stockfisch sehr wohl über den Lot im Aveyron Einzug hielt. Der Weg zum Ozean führte zwingend über den Lot. Dieser wurde damals von Fluss-Schiffern befah-

Ein Ruderboot auf dem Lot erinnert an jene Zeiten, da die Schiffer den Wasserlauf bis nach Bordeaux hinabfuhren und die Bewohner des Aveyron mit einem Fisch bekannt machten, der am anderen Ende des Ozeans gefangen wurde.

ren, die Eiche aus der Auvergne, Käse aus Aubrac und Kohle aus Aubin und Cransac nach Bordeaux beförderten. Auf dem Rückweg hatten sie Wein, ein paar kleinere Drogeriewaren und eben Stockfisch geladen. Letzterer wurde im Hafen von Bordeaux erstanden und diente bei der Ankunft im Landesinnern als Tauschware. Um ihn etwas ansprechender zu gestalten, machten die Schiffer ihn am Heck fest. Und da sie rund zehn Tage auf dem Fluss unterwegs waren, hatte der Stockfisch bei seiner Ankunft seine verzehrfertige Konsistenz.

Seit rund dreißig Jahren bereitet Marie-Rose *estofinado* zu. Sie betreibt ein kleines Landgasthaus am Zugang zur alten Hängebrücke in Livinhac, unweit von Decazeville. »Man benötigt gute Kartoffeln und kocht sie gar, zerpflückt den Stockfisch mit zwei Gabeln und stellt beides im Wasserbad warm. Vor allem aber braucht man einen Extraort, um die Fische einzuweichen. Denn der Geruch hat es in sich!«

Stolz und bescheiden – ein Abbild der Gegend

Für gewöhnlich wurde *estofinado* im Rouergue jeden Freitag zubereitet. Als Erinnerung an die fleischlosen Tage ist *estofinado* auf den Höfen hier im Landstrich das, was woanders gesalzener Stockfisch ist. Und da das Rouergue lange Zeit eine katholische Bastion auf protestantischem Gebiet war, hielt man sich auch streng an die Konvention.

> »Ein Estofinado sieht nach nichts aus. Dabei ist es ein ausgesprochen delikates Essen.«

In Almon-les-Junies jedoch ist dies ein Sonntagsessen, und allein diese zeitliche Verlagerung ist ein Hinweis auf die Begegnung von Stadt und Land, von Bauern und Arbeitern, mittels eines gemeinsamen Gerichts. Denn seit Herzog Decazes vor 170 Jahren auf diese rot-schwarze Erde zu setzen begann, geht das Eine mit dem Anderen einher.

So gibt es trotz der Minen keine Bergarbeitersiedlungen. Auch als Arbeiter führte man weiterhin den bäuerlichen Familienbetrieb und blieb auf enger Tuchfühlung mit der Landwirtschaft. Zudem kamen Ende des 19. Jahrhunderts Heerscharen von Arbeitskräften aus Italien und Spanien, in denen Stockfisch, ob gesalzen oder ungesalzen, auf eine lange Tradition zurückblickt. Das ursprünglich ländliche *estofinado* entwickelte sich so zum Essen der kleinen Leute in der Stadt, zum Mahl der Emigranten oder der vom Land stammenden Arbeiter, und natürlich gönnte man es sich an dem einzigen Tag der Woche, an dem man nicht zur Arbeit ging.

Durch den Zweiten Weltkrieg wurden die Dinge zusätzlich befördert. »Uns auf dem Land erging es besser als den Städtern«, fährt der Bürgermeister von Almon fort. »Die Kumpel holten sich bei uns ein paar Extras und kauften für die Woche ein. Und bei der Gelegenheit ließen sie sich auch ein *estofinado* kommen, das in der Erntezeit gegessen wurde oder wenn die Nachbarn kamen und halfen, die Walnüsse zu knacken, bevor man sie am nächsten Tag in die Mühle brachte.« Die bescheidenen Leute vom Land Seite an Seite mit den Helden der Grube – so findet eine denkwürdige Episode der Geschichte in einem letztlich bescheidenen Mahl ihren Ausdruck.

Stockfisch aus Nizza

Dieses sehr populäre, typische Gericht, *estoficado*, ist trotz der Zugabe lokaler Aromen ein enger Verwandter des *estofinado*.

Für 6 Personen
Vorbereitung: 1 Stunde
Einweichzeit: 24 Stunden
Garzeit: 4 Stunden

1 kg Stockfisch (getrockneter, ungesalzener Kabeljau)
4 große Zwiebeln
5 Knoblauchzehen
1 Lorbeerblatt
2 kg reife Tomaten
4 Paprikaschoten
250 ml Olivenöl
1 Schnapsglas Marc (Branntwein)
1 *bouquet garni* (siehe S. 14)
Salz, Pfeffer
300 g Oliven aus Nizza
1 kg Kartoffeln aus neuer Ernte

1- Den Stockfisch am Vorabend in einem großen Behälter mit kaltem Wasser einweichen. Das Wasser regelmäßig erneuern.

2- Am darauf folgenden Tag den Stockfisch abziehen, entgräten und zerteilen. Haut und Gräten aufbewahren. Die Fischstücke erneut unter fließendem Wasser waschen und abtropfen lassen.

3- 2 Zwiebeln abziehen und in feine Scheiben schneiden, 1 Knoblauchzehe abziehen und zerdrücken. Fischhaut und Gräten zusammen mit Zwiebeln, Knoblauch und Lorbeerblatt 1 Stunde bei schwacher Hitze garen. Die Brühe filtern.

4- Die 2 übrigen Zwiebeln abziehen und in dünne Scheiben schneiden, die übrigen Knoblauchzehen abziehen und zerdrücken. Die Tomaten waschen und klein schneiden, Paprikaschoten waschen, putzen und in Streifen schneiden. Olivenöl erhitzen und die Fischstücke mehrere Minuten darin anbraten, dabei mit einem Holzlöffel umrühren. Wenn der Stockfisch sich goldgelb färbt, mit dem Schnaps übergießen. Zwiebeln, Knoblauch, *bouquet garni*, Tomaten und Paprika hinzugeben. Reichlich salzen, pfeffern und mindestens 3 Stunden schmoren. Dabei den Kochsaft immer wieder mit Brühe auffüllen, damit der Fisch nicht austrocknet.

5- Die Oliven und die geschälten und halbierten Kartoffeln hinzugeben. Bei schwacher Hitze 1 weitere Stunde garen. Mit Olivenöl servieren, das man zum Essen über den Fisch träufelt.

Stockfischpüree mit Salzkartoffeln

Die provenzalische *brandade*, die mit gesalzenem Stockfisch zubereitet wird, ist dem *estofinado* sehr ähnlich. Dennoch sind die beiden Gerichte gleichermaßen köstlich wie unterschiedlich.

1- Den gesalzenen Stockfisch am Vorabend wässern und das Wasser mehrmals erneuern.

2- Am darauf folgenden Tag die Kartoffeln schälen und 10 bis 15 Minuten dämpfen.

3- In der Zwischenzeit den Stockfisch in einen großen Topf geben, mit kaltem Wasser bedecken, das *bouquet garni* hinzugeben und aufkochen. Bei schwacher Hitze 10 Minuten simmern lassen. Den Stockfisch auf eine große Servierplatte geben, Haut und Gräten entfernen und das Fleisch gleichmäßig zerpflücken.

4- Knoblauch abziehen und zerdrücken. 150 Milliliter Olivenöl in einer Kasserole erhitzen. Fisch und Knoblauch hineingeben und 5 Minuten bei schwacher Hitze unter ständigem Rühren kochen lassen.

5- Den Topf vom Herd nehmen und unter kräftigem Rühren nach und nach 350 Milliliter Öl und die Milch zugeben (wie bei der Herstellung von Mayonnaise). Die *brandade* erhält allmählich die Konsistenz eines leichten Pürees. Zitronensaft zugeben und kräftig mit Salz und Pfeffer würzen. Mit den heißen Kartoffeln auftragen und dazu geröstete, mit Olivenöl beträufelte Brotscheiben reichen.

Fisch, Milch und Öl können auch in einer Küchenmaschine vermengt werden. Die Kartoffeln können auch zerdrückt und im Mörser, im Topf oder in der Küchenmaschine mit den übrigen Zutaten zerkleinert werden.

Für 6 Personen
Vorbereitung: 25 Minuten
Wässern: 24 Stunden
Garzeit: 25 Minuten

1 kg gesalzener Stockfisch (Klippfisch)
900 g Kartoffeln
1 *bouquet garni* (siehe S. 14)
2 Knoblauchzehen
550 ml Olivenöl
250 ml Milch
1 Spritzer Zitronensaft
Salz, Pfeffer
12 Scheiben Landbrot

Kabeljausoufflé mit Walnussöl

Das Aveyron ist auch für seine Walnüsse bekannt. Die Verbindung von Kartoffeln, Fisch und Walnussöl kommt im Soufflé zur vollen Entfaltung. Anstelle von frischem Kabeljau kann man das Soufflé auch mit gesalzenem oder ungesalzenem Stockfisch zubereiten, der jedoch 24 Stunden gewässert beziehungsweise eingeweicht werden muss. Bei der Verwendung von Stockfisch reduziert sich die Fischmenge um die Hälfte.

1- Den Kabeljau 3 Stunden wässern, dabei das Wasser stündlich erneuern.

2- Die geschälten Kartoffeln 20 Minuten in Salzwasser weich kochen und mit ein wenig Kochsaft durch ein Sieb streichen. Das Püree warm stellen.

3- Milch mit Lorbeerblatt, ungeschältem Knoblauch und Muskatnuss aufkochen. Den Kabeljau 15 Minuten in der heißen Milch pochieren, Knoblauch und Lorbeerblatt entfernen und den Fisch in der heißen Milch zerdrücken.

4- Die Mischung über das Püree geben, die in kleine Stückchen geschnittene Butter und das Walnussöl hinzugeben. Mit einem Holzlöffel zu einer geschmeidigen Masse verrühren.

5- Die Eier trennen. Eigelb in das Püree unterrühren. Eiweiß zu Eischnee steif schlagen und unter das Püree ziehen. Mit Salz und Pfeffer würzen.

6- Backofen auf 170 °C vorheizen (Gas Stufe 2, Umluft 150 °C). Eine Souffléform mit Butter ausfetten und das Püree einfüllen. Das Soufflé 30 bis 35 Minuten backen, dabei den Ofen nicht öffnen. Sofort servieren und dazu grünen Salat reichen.

Für 6 Personen
Vorbereitung: 20 Minuten
Wässern: 3 Stunden
Garzeit: 1 Stunde 5 Minuten

400 g frischer und gesalzener Kabeljau
(in Meersalz eingelegtes Kabeljaufilet)
6 mittelgroße, fest kochende Kartoffeln
200 ml Milch
1 Lorbeerblatt
3 Knoblauchzehen
1 Prise gemahlene Muskatnuss
80 g Butter und etwas zum Ausfetten
3 EL Walnussöl
3 Eier
Salz, Pfeffer

Zentrum

Aligot und Truffade in der Auvergne

Aligot im Aubrac, *truffade* im Cantal: Die Zwillingsgerichte erzählen von der Auvergne der Hochtäler mit ihrem samtenen Gras. Die Grundzutaten sind Kartoffeln und frischer Tomme. Und wenn die Mischung in den Topf gleitet, wird die Kultur der *burons*, der kleinen Käsereien in der Auvergne, wieder mit Leben erfüllt.

Oben
Jedes Frühjahr erfolgt im Morgengrauen der Aufbruch zu den Hochebenen von Aubrac. Der Weidewechsel, der von Saint-Corne-d'Olt im Tal auf die Bergwiesen führt, ist ein fester Ritus im Leben von Familie Lieucau.

Rechts
In der Käserei der Reygardes im Massiv von Puy Mary werden in der Früh und am Abend die Kühe gemolken, und jeden Tag wird Tomme gemacht. Zum Abtropfen wickelt man ihn in Leintücher, die immer wieder gewaschen und zum Trocknen in die Sonne gehängt werden.

Jeden Sommer begibt sich Daniel, einer der sieben oder acht noch verbliebenen Käser im Cantal, gemeinsam mit seinen Tieren in die Sommerfrische auf die Bergweiden. Fünf Monate zwischen Käsepresse und Käseformen in einem *buron*, einer engen, fensterlosen Baracke, die abgeschieden auf der talabgewandten Seite des Berges liegt. Daniel steht mit der Sonne auf und macht morgens und abends seinen Käse. Seine Vorfahren machten sich noch zu mehreren Männern auf den Weg, wie Landmatrosen; er fährt im Jeep mit seiner Frau und seinen drei Kindern hinauf, die den Sommer ebenfalls hier oben verbringen, und ihre einzigen Nachbarn sind die übrigen, längst verfallenen Baracken. Allerdings vergeht kaum ein Tag, an dem keine Wanderer des Weges kommen. Sie kaufen ein Stück Käse, und manchmal lassen sie sich auch nieder und essen eine *truffade* – das traditionelle Kartoffelgericht.

Die *truffade* (abgeleitet vom Dialektwort *truffas*, »Kartoffel«) ist der Stolz der Hochebenen des Cantal. Das Mahl stammt aus der Zeit, da die Schäfer, die die fertigen Käselaiber nicht anschneiden durften, für sich nur den frischen Tomme hatten (saure Milch also, die durch ein Sieb gepresst, zerbröckelt, gesalzen und in eine Form gefüllt wird, bevor sie zu dem wird, was man hier unter einem Käse versteht).

»Mit einer Truffade, die von der Gabel zerpflückt wird, geht eine ganze Epoche dahin.«

Ein gemeinsamer Vorfahre
In der windgepeitschten Plateaulandschaft des Aubrac, ein paar Dutzend Kilometer vom Cantal entfernt, entdeckt man noch mehr verfallene *burons*, eine Vergangenheit, die sich in den endlosen Zaunreihen am Horizont verliert, und auf den Tellern findet sich wiederum dieselbe Trilogie aus Knoblauch, Kartoffeln und Tomme. Nur werden die Kartoffeln hier gekocht und zu Brei verarbeitet, weswegen der kleine Bruder der *truffade* auch einen eigenen Namen hat: Gemeint ist das *aligot*.
Im Aubrac bewegt man sich auf den Fährten des heiligen Jakobus, was dem Gericht eine besondere Kraft verleiht. Im Kloster von Aubrac, das nur noch aus der Kirche, ein paar Ruinenresten und der Glocke besteht, die einst den Verirrten wieder zur

Aligot

Aligot oder die glückliche Mischung aus frischem Tomme de Laguiole und zerdrückten Kartoffeln.

Für 6 Personen
Vorbereitung: 30 Minuten
Garzeit: 55 Minuten

1,5 kg große Kartoffeln
4 Knoblauchzehen
250 g Crème fraîche
500 g frischer Tomme de Laguiole
150 g Butter
Salz, Pfeffer

1- Kartoffeln schälen und in große Würfel schneiden. Knoblauch abziehen und zerdrücken.
2- Kartoffeln 35 Minuten in kochendem Salzwasser weich kochen. Abgießen und mit dem Knoblauch durch ein Sieb streichen.
3- Das Püree in einen großen Topf geben. Crème fraîche, den in kleine Stücke geschnittenen Tomme und die Butter hinzugeben. Mit Salz und Pfeffer würzen und die Mischung bei schwacher Hitze garen. Dabei mit dem Holzlöffel stets im Uhrzeigersinn kräftig rühren.
4- Wenn die Mischung sich von der Topfwand löst und Fäden zieht, ist das *aligot* fertig. Von einem großen Löffel auf die Teller rinnen lassen und mit Rindfleisch aus dem Aubrac oder gegrillten Würstchen aus der Auvergne servieren.

Truffade

Für 6 Personen
Vorbereitung: 35 Minuten
Garzeit: 25 Minuten

50 g Butter
200 g Speckstreifen
1 kg Kartoffeln
2 Knoblauchzehen
Salz, Pfeffer
400 g frischer Tomme du Cantal
200 g Crème fraîche

Bei der Zubereitung von *truffade* wird der Tomme mit Bratkartoffeln kombiniert.

1- Die Butter in einer großen Pfanne erhitzen und Speckstreifen darin goldgelb braten.
2- Die Kartoffeln schälen und in dünne Scheiben schneiden. Den Knoblauch abziehen und zerdrücken. Kartoffeln und Knoblauch zum Speck geben. Mit Salz und Pfeffer würzen und 10 Minuten goldbraun färben.
3- Den Tomme in kleine Würfel schneiden. Mit der Crème fraîche zu den Kartoffeln geben und erneut 10 Minuten unter leichtem Rühren garen. Wenn die Mischung anzusetzen beginnt, *truffade* auf eine Servierplatte geben und sehr heiß auftragen.

Galette aus *aligot* mit in Enzianschnaps mariniertem Aubrac-Rindfleisch

Für 6 Personen
Vorbereitung: 1 Stunde
Marinade: 1 Stunde
Ruhezeit: 20 Minuten
Garzeit: 30 Minuten

600 g von einem Stück aus der Unterschale vom Aubrac-Rind (oder von Rindfleisch aus einer anderen Gegend)
2 Schalotten
1 Bund Schnittlauch
1 Bund Estragon
1 EL Enzianschnaps
4 EL Olivenöl
Saft von 1 Limette
600 g Reste eines *aligot*
Salz, Pfeffer
100 g Mehl
50 g Butter
1 EL Erdnussöl

Mit den Resten eines *aligot*, des Kartoffelpürees mit Käse, lassen sich köstliche Küchlein backen, die hervorragend zu Rindfleisch aus dem Aubrac passen.

1- Das Fleisch in sehr feine Streifen schneiden und klein würfeln. Die Schalotten abziehen und in dünne Scheiben schneiden. Die Kräuter waschen, trockentupfen und fein hacken. Aus Enzianschnaps, Olivenöl, Limettensaft, Schalotten und Kräutern eine Marinade zubereiten und das Fleisch darin 1 Stunde im Kühlschrank ziehen lassen.
2- Das Fleisch aus der Marinade nehmen und mit dem kalten *aligot* vermengen. Mit Salz und Pfeffer würzen und mit einem Löffel eigroße Klöße abstechen.
3- Die Klöße flach drücken, sodass man dicke Küchlein erhält. Mit Mehl bestäuben und 20 Minuten im Kühlschrank ruhen lassen.
4- Butter und Erdnussöl in einer großen Pfanne erhitzen. Je 4 Küchlein im schäumenden Fett anbraten und auf beiden Seiten goldbraun färben. Die knusprigen Küchlein aus der Pfanne heben und heiß servieren. Dazu passt Chicorée-Salat mit Walnussöl.

Orientierung verhalf, soll das Wort *aligot* erfunden worden sein. Wenn der Ecir, der Nordwind, sich mit dem Schnee gegen die Pilger verschwor, blieb diesen nur die Hoffnung auf die Gastfreundschaft der Mönche. Und an der Pforte der Abtei bekam man üblicherweise immer *etwas* zu essen. Auf Lateinisch trug dieses Mahl den Namen *aliquid*, im Vulgärlatein hieß es *aliquod* und auf Okzitanisch *aligot*.

Das Wort stammt aus dem Aubrac, aber die rustikale Speise ist auch über die Grenzen dieses Plateaus hinaus bekannt. Zum Beweis bereitet der aus dem Cantal stammende Francois Rongier in seinem Chalet auf dem Col de Serre nicht nur eine der besten *truffades* der ganzen Gegend zu, sondern auch eine *patranque*, ein Gericht, das die älteren Einwohner sehr wohl als einheimische Speise betrachten, von dem Historiker jedoch Spuren fanden, die tausend Jahre zurückreichen. Roggenbrotkanten werden mit Knoblauch eingerieben, im Ofen aufgebacken und mit Tomme belegt. *Aligot* und *truffade* haben also einen gemeinsamen Vorfahren. Und da eine Legende rasch die nächste nach sich zieht, erzäh-

len Bewohner des Cantal auch immer wieder gern, dass, als Aurillac der Christenheit Papst Gerbert zum Geschenk machte, man diesem zu seiner Inthronisierung eine *patranque* mit Ingwerschinken vorsetzte.

> »Das Aligot zieht Fäden, wie die Truffade auch. Und zu beiden finden sich die schönsten Tischgesellschaften ein.«

Aligot, truffade … Variationen allseits verbreiteter Zutaten und gleich klingender Legenden. »Im Grunde«, so Louis-Jacques Liandier, Bürgermeister von Vic-sur-Cère und Romanautor, »kann man an der Landschaft ablesen, wo die Hoheitsgebiete beider Gerichte verlaufen. Dort, wo Salers-Kühe stehen, gibt es *truffade*. Und wo die Kühe aus dem Aubrac weiden, isst man *aligot*.«

Die einen haben ein rotes Fell, die anderen schimmern weizenfarben, haben riesige Augen und leierförmige Hörner. Beide haben ihr Stammbuch, ihre Kodifizierung. Aber die wesensgleichen Cousinen zeichnen sich beide durch einen ungestümen, furchtlosen Charakter und einen so ausgeprägten Mutterinstinkt aus, dass sie sich nur melken lassen, wenn man ihnen ihr Kalb an der Schulter festmacht. Aus der Milch der Aubrac-Kühe wird Laguiole-Käse produziert, der dem Cantal und dem Salers aus der Milch der roten Kühe sehr ähnlich ist.

Aligot zu jedem Fest

Diese solchermaßen in ihrer Heimat verankerten Gerichte rivalisieren in den Herzen mit dem berühmten Laguiole-Käsemesser. Nach dem Ersten Weltkrieg machen die Auvergnaten, die scharenweise nach Paris gegangen sind, die Hauptstadt mit *truffade* und *aligot* bekannt. Aubrac wird zu einem mythischen Ort, an den die »Emigranten« im Sommer zurückkehren, um sich einer Molkekur zu unterziehen, vor allem aber, um ein *aligot* zu schmausen, von dem es heißt, es gebe »strapazierten Mägen den Rest«. Damit ist eine Bewegung in Gang gebracht, die noch immer anhält. In ihrem Restaurant in Aubrac verwandelt Madame Germaine, gestützt durch ein entsprechendes Diplom, das Auftragen ihrer *aligots* in eine Taufzeremonie, in deren Verlauf sie ihren Gästen eine breite Tonsur aus Fäden ziehendem Käse verpasst. Touristen und Leute aus dem Showgeschäft stehen Schlange. *Aligot* wird zur lokalen Attraktion. In den sechziger Jahren des vergangenen Jahrhunderts steigt seine Beliebtheit erneut. In Laguiole macht die Genossenschaft *Jeune Montagne*, die sich energisch für den Erhalt der heimischen Käsesorte einsetzt, *aligot* zu ihrem Verkaufsargument. »Wir sind so weit gegangen, dass wir den frischen Tomme gratis geliefert haben«, berichtet André Valadier, Präsident der Genossenschaft. »Die Initiative war ein solcher Erfolg, dass wir sehr bald dazu übergehen mussten, unsere Leistungen in Rechnung zu stellen.«

Von da an findet kein großes Fest mehr ohne den riesigen Topf statt, in dem man das *aligot* vergnüglich rührt und Fäden ziehen lässt. Seit 1983 liefert die Genossenschaft *aligot* auch tiefgefroren und wartet mittlerweile mit einem Jahresabsatz von zwei Millionen Stück in ganz Frankreich – und zu einem geringen Teil auch weltweit – auf.

Man findet *aligot* in allen Restaurants der Gegend, seien sie vornehm oder schlicht. Und es ist kein Zufall, wenn Küchenchef Michel Bras, vom *Guide Michelin* mit drei Sternen ausgezeichnet, das *aligot* in seinem Restaurant von seiner Mutter rühren lässt, denn die Zubereitung ist verbürgt: eine Art Beigabe mit Seele und Geschichte.

Oben links
Auf der Suche nach frischem Tomme dürfte man außerhalb der Auvergne kaum fündig werden. Für die Zubereitung von *aligot* und *truffade* ist er allerdings unverzichtbar. In den sechziger Jahren verteilte die Genossenschaft *Jeune Montagne* ihren Tomme kostenlos an die örtlichen Festkomitees.

Oben rechts
Aligot und *truffade* müssen zwingend Fäden ziehen. Madame Germaine, die ihr Restaurant im Aubrac zum lokalen Tempel des *aligot* machte, betrachtete die Fäden als Bande der Freundschaft.

Aligot nach Art von Michel Bras

In seinem Drei-Sterne-Restaurant mit Blick über das Laguiole-Plateau lädt Michel Bras ein zu einer Zeitreise im Zeichen des *aligot*, das vor tausend Jahren in der schlichten Kombination von Roggenbrot und Käse seinen Anfang machte und hier mit Kartoffeln und Walnüssen verfeinert wird.

Für 6 Personen
Vorbereitung: 35 Minuten
Einweichzeit: 1 Stunde
Garzeit: 50 Minuten

400 g altbackenes Sauerteigbrot
200 ml Milch
800 g Kartoffeln
400 g frischer Tomme de Laguiole
2 TL Roggenmehl
Salz, Pfeffer
100 ml Erdnussöl
150 g gut gekühlte saure Sahne
30 g Butter
120 g Walnusskerne
50 ml Walnussöl

1- Das Brot in kleine Stücke schneiden und 1 Stunde in der Milch einweichen. Kartoffeln schälen, in kleine Stücke schneiden und 10 bis 15 Minuten dämpfen.
2- Den Tomme in kleine Würfel schneiden. Das Brot ausdrücken und mit Käse und Mehl zu einer einheitlichen Masse verarbeiten. Mit Salz und Pfeffer würzen.
3- Das Erdnussöl in einer beschichteten Pfanne erhitzen. Nacheinander bei schwacher Hitze 6 kleine Küchlein von etwa 1,5 cm Dicke und 7 cm Durchmesser ausbacken. 3 Minuten goldgelb färben und wenden. Die Küchlein sollen in der Mitte noch weich sein und ringsum knusprig. Warm stellen.
4- Die Sahne schlagen. Die heißen Kartoffeln mit der Butter durch eine Kartoffelpresse drücken. Die Sahne unter die passierten Kartoffeln heben und mit Salz und Pfeffer würzen.
5- Die Käseküchlein auf Tellern anrichten, auf jedes ein großes Kartoffelklößchen setzen, mit grob zerkleinerten Walnusskernen überstreuen und mit Walnussöl beträufeln. Warm als Vorspeise mit einem kleinen grünen Salat servieren.

Brot-Truffade aus dem Col de Serre

In seinem Chalet am Col de Serre bereitet der aus dem Cantal stammende François Rongier eine köstliche *patranque* zu, ein urwüchsiges Gericht und Vorfahre der *truffade*. Dabei werden die Kartoffeln lediglich durch altbackenes Brot ersetzt.

Für 4 Personen
Vorbereitung: 20 Minuten
Garzeit: 20 Minuten

600 g Landbrot
80 g Butter
2 Knoblauchzehen
1/2 Bund Petersilie
100 g Crème fraîche
400 g frischer Tomme
Salz, Pfeffer

1- Das Brot in große Würfel schneiden. Die Butter in der Pfanne erhitzen und das Brot darin goldgelb färben. Brot aus der Pfanne nehmen, die Knoblauchzehen längs halbieren und die Croûtons damit einreiben. Croûtons im Ofen warm stellen.
2- Die Petersilie waschen, trockentupfen und hacken.
3- Crème fraîche in einen kleinen Topf geben, 2 Minuten zerlassen und den in kleine Stücke geschnittenen Tomme unterheben.
4- Wenn der Tomme zu schmelzen beginnt (wie ein Fondue), mit wenig Salz und Pfeffer würzen und die Mischung über die Croûtons geben. Mit gehackter Petersilie bestreuen und sofort servieren.

Zentrum
—

Eintopf in der Auvergne

In ganz Frankreich werden Eintöpfe gekocht, dass Eintopf jedoch in erster Linie mit der Auvergne in Verbindung gebracht wird, liegt vielleicht auch daran, dass er uns zu den Ursprüngen der Arverner zurückführt. Schon Vercingetorix nämlich konnte diesem Gericht etwas abgewinnen.

Oben
Winter in der Auvergne, eine Lebenskunst.

Rechts
Die Kohlköpfe in den Gemüsegärten bleiben bis zum ersten Frost stehen.

Eintopf ist ein Winteressen, Labsal für jene Zeit, da die weiße Pracht vom Ecir heimgesucht wird, der nichts als schneidende Kälte bringt. In jenem Jahr verlief die *Traversée blanche* – eine Woche zu Pferd durch die Vulkanlandschaft der Auvergne – über das Limon-Plateau, eines der kärgsten Hochtäler im Cantal. Diese Expedition in der ungemütlichen Jahreszeit führte über die einstigen Wege der Pilger und Händler. Und wie schon hundert Jahre zuvor hatte man nahe Murat zur Stärkung der Reisenden unter das Vordach einer Scheune eine *ola* aufgestellt, einen großen gusseisernen und mit Patina bedeckten Kessel auf einem Dreifuß. Schon am Morgen hatten die Männer das Feuer angezündet und Weißkohl, Kartoffeln, weiße Rüben, Lauch und Möhren aufgesetzt. Auch mit dem Pökelfleisch aus Schweinebauch und Schweinehachse hatten sie nicht gespart. Und zuletzt hatte sich unter den würzigen Dampfschwaden etwas zusammengebraut, was sich ohne weiteres in die übrigen Symbole des Landstrichs einreihen ließ: ein auf ehrliche Art und Weise kräftigendes Nationalgericht, der Auvergnater Eintopf, *la potée auvergnate*.

Auf den Topf kommt es an

Eintopf an sich hat in der Auvergne keine größere Existenzberechtigung als in der Bretagne oder in Lothringen. In allen französischen Provinzen ist es gang und gäbe, das Gartengemüse zusammen mit ein paar Stücken gepökeltem Schwein in den Topf zu geben. Zu Unrecht nämlich reduziert man den klassischen *pot-au-feu* heutzutage auf gekochtes Rindfleisch. Mancherorts wird er durchaus auch mit Schwein, Huhn und sogar mit Fisch zubereitet. Das Wesentliche jedenfalls sind Wasser, Feuer und ein »Topf auf Feuer«.

»Die Familie der Potées ist groß, noch größer allerdings ist die der Pot-au-feu, der sie angehört.«

Das gilt auch für die *potée*, die nichts anderes ist als ein *pot-au-feu* mit gepökeltem und geschmortem Schweinefleisch, in dem Kohl ein weiterer Hauptbestandteil ist. Diese beiden Zutaten sind in ihrer Kombination jedoch alles andere als banal. Denn Kohl und Schwein sind gewissermaßen die Quintessenz der gallischen Identität. Und die ist wiederum aufs Engste mit der Auvergne und deren Selbstverständnis verknüpft, dem man auf den Überresten des mythenumwobenen Gergovia huldigt, oder auf dem Gipfel des Puy de Dôme, wo man einst Teutates, dem mächtigsten aller Gottheiten, die Ehre erwies.
Die unzähligen Schweine, die auf der Suche nach Eicheln rings um die gallischen Dörfer frei herumliefen, versetzten Cäsar in Staunen. Und da die Gallier

Eintopf aus der Auvergne

Das klassische Rezept für *la potée auvergnate*, die mit Gartengemüse zubereitet wird und Stunden auf dem Herd schmort.

Für 6 Personen
Vorbereitung: 20 Minuten
Wässern: 12 Stunden
Garzeit: 3 Stunden 30 Minuten

1 Endstück roher Schinken (200 g)
1 leicht gesalzene Hachse
300 g Bauchspeck
1 *bouquet garni* (siehe S. 14)
1 Weißkohl
3 Möhren
1 großer Kohlrabi
3 weiße Rüben
12 Kartoffeln
1 Stange Lauch
6 Würste aus der Auvergne
Pfefferkörner

1- Am Vortag Schinken und Hachse 12 Stunden wässern, dabei alle 3 Stunden das Wasser erneuern.
2- Schinken, Hachse, Speck und *bouquet garni* in einen Topf geben, mit 3 Litern Wasser auffüllen und das Fleisch 2 Stunden bei schwacher Hitze garen.
3- Gemüse waschen, putzen und in große Stücke schneiden. Mit den Würsten und ein paar Pfefferkörnern in den Topf geben, dabei die Kartoffeln auf das übrige Gemüse legen. Weitere 1 Stunde 30 Minuten bei schwacher Hitze garen. Wenn Fleisch und Gemüse auf leichten Druck mit einer Gabel zerfallen, die Brühe abschmecken und den Topf vom Herd nehmen.
4- Den Eintopf in zwei Gängen servieren, zunächst getrennt die Brühe und dann Fleisch und Gemüse.

Kohlsuppe

Diese *soupe au chou* ist in Wirklichkeit ein Eintopf, nur mit mehr Brühe als in einer *potée*.

Für 6 Personen
Vorbereitung: 30 Minuten
Wässern: 12 Stunden
Garzeit: 2 Stunden 25 Minuten

6 dünne Scheiben gepökeltes Bauchfleisch
2 Zwiebeln
2 Gewürznelken
2 Würste aus der Auvergne
1 kleiner Weißkohl
2 Möhren
3 weiße Rüben
1 *bouquet garni* (siehe S. 14)
12 Kartoffeln
80 g Butter
6 Scheiben Roggenbrot
Salz, Pfeffer

1- Am Vortag das Bauchfleisch 12 Stunden kalt wässern, dabei alle 3 Stunden das Wasser erneuern.
2- Die Zwiebeln abziehen und mit Gewürznelken spicken. Mit Würsten und Bauchfleisch in einen Topf mit 2 Liter Wasser geben und das Fleisch 1 Stunde bei schwacher Hitze garen. Den aufsteigenden Schaum von Zeit zu Zeit abschöpfen.
3- Den Kohl vierteln, die Möhren und Rüben schälen und in große Stücke schneiden. Mit dem *bouquet garni* in den Topf geben und 1 weitere Stunde garen.
4- Die Kartoffeln schälen, in große Würfel schneiden und in die Brühe auf das übrige Gemüse geben. Weitere 20 Minuten bei schwacher Hitze garen. Währenddessen die Butter in einer großen Pfanne erhitzen und das Roggenbrot in der schäumenden Butter von beiden Seiten goldgelb färben.
5- Den Topf vom Herd nehmen, Würste und Bauchfleisch herausnehmen und in Stücke schneiden. Brühe abschmecken. Auf jeden Teller eine Scheibe Brot legen, Suppe darüber geben und sehr heiß servieren.

Links
Familienzusammen-
kunft bei den
Reygades am
Schlachttag: Auf
dem Tisch steht die
traditionelle *potée*.

Rechts
Als Vorrat für die kalte
Jahreszeit werden die
Kohlköpfe, wie die
Möhren auch, unter
einer Schicht Sand
gelagert oder, wie hier
zu sehen, am Strunk
im Keller aufgehängt.

zudem die Kunst beherrschten, Schweinefleisch in einer Salzlake haltbar zu machen, standen sie schon bald im Ruf, geschickte Metzger zu sein. Nach der Eroberung von Alesia ließ Rom sich seinen Schinken und Speck lange Zeit aus Gallien kommen. Und auch Kohl ist eine Spezialität der Barbaren, wovon allein schon die gallische Bezeichnung *kap* zeugt, auf die das französische *chou* wie auch seine deutsche Entsprechung zurückgehen. Kohl und gepökeltes Schweinefleisch: Dass im eingeschlossenen Gergovia, da das Augenmerk eines ganzen Volkes auf den Widerstand der Arverner gerichtet war, Vercingetorix von einem Eintopf geträumt hat, der noch heute einem Auvergnaten den Mund wässrig macht, ist so abwegig nicht.

Alltags- und Armenessen

Die *potée* hat bis in die jüngere Vergangenheit nicht an Bedeutung eingebüßt. Sie steht auch für die Jahre, in denen eine raue und dabei doch Zuversicht spendende Landwirtschaft noch florierte, als es lebenswichtig war, Nahrungsmittel für die kalte Jahreszeit haltbar zu machen, als Menschen und Tiere noch unter einem Dach lebten, als das Schlachten eines Schweins zu Beginn des Winters noch ein Zeremoniell war und um Zeit nicht gefeilscht wurde. Der Eintopf kochte drei oder vier Stunden in seinem Kessel auf einer Feuerstelle vor sich hin, die so groß war, dass zu ihr auch eine Bank gehörte, auf der man sich aufwärmen konnte. Wenn man sich unterhielt, wiegte einen das Geräusch des simmernden Kochtopfes dazu.

In Coltines auf der Hochebene von Planèze im Département Cantal steht kein einziger Baum, der dem Wind Paroli bieten könnte, und die Erde ist so karg, dass nur Linsen – eine weitere Spezialität der Gegend – mit ihr zurechtkamen, bis der Dünger auch hier seine Wunder vollbrachte. Die Häuser aus Gra-

nit haben zwei Meter dicke Wände, und die Küche, in der die ganze Familie lebte, führte direkt in den Stall. Neben den Kühen hatte hier das Schwein sein Winterquartier, dort blieb es in den kältesten Monaten des Jahres, um auch ein wenig von der Wärme der übrigen Tiere zu profitieren. Dahinter befand sich der Vorratsraum, in dem man unter einer Schicht Sand Weißkohl und Möhren aufbewahrte und in dem das steinerne Pökelfass für das Fleisch stand. Diese Architektur gibt, wie die *potée* auch, auf ihre Weise Zeugnis von einer Lebensform.

Ein ganzes Menü in einem einzigen Gericht

Von der *potée* sind im Übrigen, angefangen bei der berühmten Kohlsuppe, mehrere Schätze der Auvergnater Küche abgeleitet. Der Eintopf nämlich stellt nicht nur das Hauptgericht, sondern sorgt auch für die Vorspeise. In einer Gegend, in der gesunder Menschenverstand das Sagen hat, wird eine Brühe, die die Aromen von Fleisch und Gemüse in sich hat, nicht einfach verschenkt. Man gibt also ein paar Scheiben Roggenbrot auf die Teller und weicht sie in der Brühe ein. Für eine dickere Suppe werden ein paar Blätter Weißkohl mitgekocht. Und sollte der Eintopf einmal zu üppig ausfallen, werden die Reste tags darauf für gefüllten Kohl verwendet. Zu diesem Zweck werden ein paar schöne Kohlblätter blanchiert, und für ihre Füllung liefert der Eintopf den schmackhaftesten Inhalt. Nach seinen Anfängen im Pariser Schankwesen ist François Rongier in seine

> »Die beste Potée wurde gemacht, wenn gerade ein Schwein geschlachtet worden war. Nach vier oder fünf Tagen im Salz war das Fleisch noch frisch, aber es hatte schon einen eigenen Geschmack.«

Heimat zurückgekehrt und hat am Col de Serre ein Restaurant eröffnet. »Für einen wirklich guten gefüllten Kohl führt kein Weg an der *potée* vorbei. Und wenn der Kohl erst im Ofen ist und man ihn hin und wieder mit der Brühe der *potée* übergießt, umso besser.« Einzelne Varianten dieser Grundlage ergeben sich aus den Launen, die der Winter in der Auvergne mit sich bringt.

Gefüllter Kohl

Im *chou farci* finden sich dieselben Zutaten wie im Eintopf oder in der Suppe, allerdings in zerkleinertem Zustand, in Kohlblätter gehüllt und im Ofen geschmort. In der Auvergne sind verschiedene Zubereitungsarten für dieses Gericht bekannt. In der nachstehenden Version kann es warm oder kalt wie eine Pastete oder eine Terrine serviert werden.

Für 6 bis 8 Personen
Vorbereitung: 1 Stunde 30 Minuten
Garzeit: 2 Stunden 10 Minuten

1 Weißkohl
300 g leicht gesalzene Hachse
2 Eiweiß
Salz, Pfeffer
250 g Crème fraîche
250 g Fleischbrät

1- Den Kohl ungeschnitten 7 bis 8 Minuten blanchieren. Abschrecken und abtropfen lassen, den Strunk entfernen, ohne die Blätter zu lösen.

2- Das Fleisch von der Hachse mit Eiweiß in einer Küchenmaschine vermengen und mit Salz und Pfeffer würzen. Crème fraîche und Fleischbrät hinzugeben und weiter vermischen, bis man eine homogene Füllung erhält.

3- Die Kohlblätter eines nach dem anderen so nach hinten biegen, dass das Herz frei gelegt wird. Dieses vorsichtig heraustrennen, halbieren und klein hacken. Das Kohlhachis zur Füllung geben, grob untermengen und den Kohl füllen. Die Blätter eines nach dem anderen wieder zur Mitte biegen und so übereinander lappen lassen, dass die ursprüngliche Form möglichst wiederhergestellt ist.

4- 4 dünne Schnurenden sternförmig auf die Arbeitsfläche legen, ein Küchentuch anfeuchten und auf den Schnüren ausbreiten. Den Kohl in die Mitte legen. Die Zipfel des Küchentuchs zur Mitte hin übereinander schlagen und den Kohl fest umwickeln. Die Schnüre fest verknoten.

5- Den Kohl in einen großen Kochtopf mit Salzwasser tauchen und 2 Stunden bei schwacher Hitze garen. Sehr heiß und gut abgetropft servieren.

Kohlsuppe mit geräuchertem Schellfisch

In diese Suppe finden Fisch und Fleisch gleichermaßen Eingang.

Für 6 Personen
Vorbereitung: 30 Minuten
Garzeit: 2 Stunden

2 Möhren
3 weiße Rüben
1 kleiner Grünkohl
1 Zwiebel
50 g Butter
3 dünne Scheiben *coppa* (in Darm abgefüllter, luftgetrockneter Schweinenacken)
2 l Hühnerbrühe (auch gekörnte Brühe)
1 *bouquet garni* (siehe S. 14)
400 g geräucherter Schellfisch
3 Kartoffeln
Salz, Pfeffer

1- Die Möhren und Rüben schälen. Den Grünkohl in 6 große Stücke zerteilen. Die Zwiebel abziehen und hacken.

2- Die Butter in einem Schmortopf erhitzen und die Zwiebeln in der heißen Butter anbraten, aber nicht bräunen. *Coppa*, Kohl, Möhren und Rüben hinzugeben. 5 Minuten kochen, mit Hühnerbrühe ablöschen und das *bouquet garni* dazugeben. Bei schwacher Hitze etwa 1 Stunde 30 Minuten kochen lassen.

3- 25 Minuten vor dem Auftragen den in dicke Stücke geschnittenen Schellfisch und die geschälten Kartoffeln hinzufügen. Abschmecken.

4- Die kochend heiße Suppe in tiefe Teller füllen. Dazu kann man, wie im Cantal üblich, geröstetes und mit Knoblauch eingeriebenes Landbrot reichen.

Zentrum

Burgund

Käsegebäck

Für 6 Personen
Vorbereitung: 15 Minuten
Garzeit: 30 Minuten

175 ml Wasser
1 Prise Salz
100 g Butter und 10 g
zum Bestreichen
125 g Mehl
225 g Gruyère
4 Eier

1- Wasser, Salz und Butter in einem großen Topf zum Kochen bringen. Vom Herd nehmen und das Mehl hinzugeben, dabei kräftig mit einem Kochlöffel schlagen und erneut erhitzen, aber nicht mehr kochen, bis der Teig sich zu einer Kugel formt und von der Topfwand löst. Wiederum vom Herd nehmen, 100 Gramm klein gewürfelten Käse dazugeben und die Eier nacheinander einrühren.
2- Den Backofen auf 170 °C vorheizen (Gas Stufe 2, Umluft 150 °C). Mit einem großen Löffel (oder mit einem Spritzbeutel) kleine Teighäufchen in Walnussgröße auf das mit Butter bestrichene Backblech setzen.
3- Mit dem übrigen geriebenen Käse bestreuen und 30 Minuten in den Ofen stellen. Wenn die *gougères* aufgegangen und goldgelb sind, aus dem Ofen nehmen und noch warm zu einer Flasche Crémant de Bourgogne als Aperitif servieren.

Pochierte Eier in Rotwein-Zwiebel-Sauce

Für 6 Personen
Vorbereitung: 25 Minuten
Garzeit: 40 Minuten

1 große Zwiebel
50 g Butter
250 g Speckstreifen
1½ EL Mehl
200 ml Kalbsfond
1 Knoblauchzehe
1 *bouquet garni*
(siehe S. 14)
Salz, Pfeffer
500 ml Rotwein und
250 ml zum Pochieren
6 Eier
6 Scheiben Weißbrot
2 Stängel Petersilie

1- Die Zwiebel abziehen und fein hacken. Die Butter in der Pfanne erhitzen und Zwiebeln und Speck darin anbraten, bis sie leicht Farbe annehmen. Das Mehl hinzugeben und umrühren.
2- Mit dem Kalbsfond ablöschen und die Flüssigkeit auf die Hälfte reduzieren. Die in der Schale zerdrückte Knoblauchzehe und das *bouquet garni* hinzugeben. Den Rotwein und 600 Milliliter Wasser zugeben. Mit Salz und Pfeffer würzen und 20 Minuten bei schwacher Hitze simmern lassen.
3- 250 Milliliter Rotwein erhitzen. Eier aufschlagen und jedes in eine kleine Auflaufform geben. Nacheinander in der kochenden Flüssigkeit pochieren.
4- Die Brotscheiben rösten. Auf jeden Toast ein Ei geben, den in Wein gegarten Speck und die Zwiebeln darüber verteilen. Toasts mit *œufs meurette* auf einer Servierplatte anrichten und mit der Rotweinsauce überziehen. Mit gehackter Petersilie verzieren und heiß auftragen.

Lyonnais

Käsecreme

Rezept für die *cervelle de canut* vom Wirtshaus *Le Jura* in Lyon

Für 6 Personen
Vorbereitung: 10 Minuten

2 Schalotten
1 kleiner Strauß Petersilie
1 Bund Schnittlauch
4 Frischkäse im Abtropfsieb
2 EL Crème fraîche
¼ Ziegenfrischkäse
1 EL trockener Weißwein
2 EL Olivenöl
Salz, Pfeffer und
Cayennepfeffer

1- Schalotten abziehen und fein würfeln. Petersilie und Schnittlauch waschen und trockentupfen. Petersilie hacken, Schnittlauch in Röllchen schneiden.
2- Mit einem Schneebesen Frischkäse und Crème fraîche verrühren. Den Ziegenkäse hinzugeben, Wein und Öl zugeben und die Kräuter unterrühren. Mit Salz und Pfeffer würzen. Gekühlt mit Rohkost oder mit Pellkartoffeln servieren, oder anstelle eines Käsegangs mit geröstetem Brot.

Kartoffelsalat mit Pistazienwurst

Für 6 Personen
Vorbereitung: 30 Minuten
Garzeit: 20 Minuten

12 Kartoffeln aus neuer Ernte
1 Kochwurst mit Pistazien
1 *bouquet garni*
(siehe S. 14)
2 Schalotten
4 EL Erdnussöl
2 EL Weißweinessig
Salz, Pfeffer und grobes Meersalz (*Fleur de sel*)

1- Die Kartoffeln waschen und schälen. 20 Minuten in kochendem Wasser mit der Wurst und dem *bouquet garni* weich kochen.
2- Die Schalotten abziehen und fein hacken. Mit Öl und Essig vermengen, salzen und pfeffern.
3- Die Kartoffeln abgießen. In dicke Scheiben schneiden und auf Tellern anrichten. Noch heiß mit der Vinaigrette überziehen.
4- Die gekochte Wurst in dicke Scheiben schneiden und diese über die Kartoffeln verteilen. Mit Meersalz und Pfeffer würzen und sehr heiß servieren.

Kuchenbrötchen

Für 25 Kuchenbrötchen
Vorbereitung: 15 Minuten
Garzeit: 25 Minuten

175 g Mehl
2 Eier
1 TL feiner Kristallzucker
¼ Päckchen Backpulver
50 g weiche Butter
abgeriebene Schale von
1 ungespritzten Zitrone
1 TL Rum
Frittierfett
1 EL Puderzucker

1- Mehl, Eier, Kristallzucker und Backpulver in einer Schüssel vermengen. Butter, Zitronenschale und Rum hinzugeben. Alle Zutaten zu einem geschmeidigen Teig verkneten. Sehr dünn ausrollen.
2- Mit dem Teigrädchen Dreiecke mit einer Seitenlänge von 10 cm ausschneiden.
3- Das Frittierfett erhitzen und ein paar Rohlinge in das Fett geben. Wenn sie an die Oberfläche kommen, goldgelb backen lassen. Mit einem Schaumlöffel herausnehmen und auf Küchenpapier abtropfen lassen. Mit den übrigen Rohlingen ebenso verfahren.

4- Die *bugnes* auf einer Platte anrichten, mit Puderzucker überstreuen und warm verzehren.

Sologne

Hecht blau

Für 6 bis 8 Personen
Vorbereitung: 50 Minuten
Garzeit: 50 Minuten

3 Möhren
3 Zwiebeln
50 g grobes Salz
1 großes *bouquet garni* (siehe S. 14)
15 Pfefferkörner
2 Gewürznelken
2 Hechte à 1,5 kg
500 ml Weißweinessig
1 EL Crème fraîche
300 g Butter

1- Die Möhren waschen, putzen und in sehr feine Scheiben schneiden. Die Zwiebeln abziehen und ebenfalls in feine Scheiben schneiden. Das Gemüse in 4 Liter Wasser 20 Minuten lang mit grobem Salz, *bouquet garni* und Gewürzen kochen.
2- Hechte ausnehmen, säubern und auf das Gitter einer Fischpfanne legen. Mit dem Essig und der heißen Brühe übergießen; dabei wölben die Hechte sich. Die Pfanne verschließen und den Fisch 20 bis 30 Minuten garen. Hechte auf eine Platte gleiten lassen und warm stellen.
3- In einem kleinen Topf 1 Schöpfkelle Brühe und die Crème fraîche zum Kochen bringen. Den Topf vom Herd nehmen und die in kleine Stücke geschnittene Butter zu der Brühe montieren. Die *brochets au bleu* mit der Sauce überziehen und servieren.

Limousin

Pastete aus dem Limousin

Für 6 Personen
Vorbereitung: 55 Minuten
Ruhezeit: 40 Minuten
Garzeit: 45 Minuten

500 g große Kartoffeln
6 Knoblauchzehen
200 g Crème fraîche
300 g Fleischbrät
1 kleines Bund glatte Petersilie
Salz, Pfeffer

Für den Teig
500 g Mehl und 50 g zum Bestäuben der Form
30 g Hefe
1 Prise Salz
1 Prise Zucker
2 EL Entenschmalz
4 Eier und 1 Eigelb zum Bestreichen

1- Die Kartoffeln waschen, schälen und in Scheiben von 3 mm Dicke schneiden. Knoblauch abziehen und zerdrücken.
2- In einer Schüssel Mehl, Hefe, Salz, Zucker, Entenschmalz und Eier zu einem Teig verkneten. Mit einem feuchten Tuch abdecken und 40 Minuten bei Zimmertemperatur an einem zugfreien Ort gehen lassen.
In einer anderen Schüssel Kartoffeln, Crème fraîche, Fleischbrät, Knoblauch und gehackte Petersilie vermengen. Mit Salz und Pfeffer würzen.
3- Backofen auf 180 °C vorheizen (Gas Stufe 2–3, Umluft 160 °C). Den Teig 3 mm dick ausrollen und in zwei gleich große Platten teilen. Teigreste zum Verzieren beiseite legen. Eine feuerfeste Auflaufform mit Mehl bestäuben und mit einer Teigplatte auslegen. Kartoffeln und Fleischbrät in die Mitte geben und die Ränder zur Mitte hochklappen. Mit der zweiten Teigplatte abdecken.
4- Den Teig mit dem verrührten Eigelb bestreichen. Pastete mit dem übrigen Teig verzieren und die Ränder unter Zugabe von etwas Wasser mit Daumen und Zeigefinger fest aneinander drücken. Auf der Oberseite eine kleine Öffnung ausschneiden, aus der der Dampf entweichen kann, und mit Pergamentpapier abdecken.
Die *pâté limousin* 45 Minuten bei 170 °C backen. Pastete vor dem Aufschneiden auskühlen lassen.

Aveyron

Kutteln aus Laguiole

Für 6 Personen
Vorbereitung: 45 Minuten
Garzeit: etwa 8 Stunden

4 kg Kalbsgekröse
grobes Salz
2 Zwiebeln
2 Knoblauchzehen
500 g Speck
1 Bund Petersilie
1 Bund Schnittlauch
Salz, Pfeffer und
1 Prise Cayennepfeffer
900 g Pansen vom Kalb
250 ml Weißwein
150 ml Cognac
1 Gewürznelke
1,5 l Rinderbrühe
(auch gekörnte Brühe)

1- Kalbsgekröse 15 Minuten lang in kochendem, mit grobem Salz gewürzten Wasser garen. Abgießen, unter kaltem Wasser abspülen und klein hacken.
2- Zwiebeln und Knoblauch abziehen. 300 Gramm Speck in einer Küchenmaschine mit Petersilie, Schnittlauch, 1 Zwiebel und Knoblauch mixen. Kalbsgekröse hinzugeben und alles fein zerkleinern. Mit Salz, Pfeffer und Cayennepfeffer würzen.
3- Den Kalbspansen in 12 schnitzelartige Stücke von 8 bis 9 cm Durchmesser zerteilen. Die Schnitzel nebeneinander auf die Arbeitsfläche legen und die Gekröse-

Mischung gleichmäßig darauf verteilen. Schnitzel zuklappen und mit weißem Zwirn zunähen.
4- Die gefüllten Schnitzel bei schwacher Hitze 8 Stunden mit dem restlichen, ungeschnittenen Speck, mit Weißwein, Cognac und der mit der Gewürznelke gespickten zweiten Zwiebel in der Brühe garen. Die heißen Schnitzel mit ein wenig Rinderbrühe überziehen und mit Salzkartoffeln servieren.

Kalbspansen ist eine wichtige Innerei bei der Herstellung von *tripoux* und bei Metzgern im Aveyron erhältlich. Man kann es auch durch hauchdünne Kalbsschnitzel ersetzen.

Auch wenn die Küchentradition in Marseille und Nizza, in der Provence und auf Korsika
große Unterschiede aufweist, haben die jeweiligen Gerichte doch eines gemeinsam:
Das nach Sonne schmeckende Aroma von Gewürzen, Garigue und Olivenöl.

Bouillabaisse in Marseille

Was ursprünglich ein kleines Zwischenmahl für die Fischer von Marseille war, ist heute eine der weltweit berühmtesten Spezialitäten der französischen Küche. Ein Abstecher in die Marseiller Felsbuchten, nach La Corniche und in den alten Hafen führt zurück zu den Anfängen.

Oben
Eine Bouillabaisse ist erst dann gut, wenn sie möglichst viele verschiedene Fische enthält. Diese stammen jedoch alle aus Gewässern mit felsigem Grund, was ihnen einen besonderen Geschmack verleiht.

Rechts
Rückkehr vom Fischfang in einen der kleinen, versteckt in einer Felsbucht liegenden Häfen im Küstenbereich von Marseille.

Noch eine letzte Strecke durch die Stadt, und mit einem Mal wird die Straße zum Weg, der in Serpentinen dicht am Meer verläuft. Dort sieht man Fischer, die auf den Felsen jonglieren, Badende auf der Suche nach einer Treppe, die zum Wasser hinunterführt, Möwen, die lachend durch die Lüfte wirbeln. Nächster Halt: Les Goudes. Dort stehen dicht an dicht Strandhütten auf dem flachen, weißen Fels, das Meer ist stahlblau, es gibt Touristen, Segelboote und Außenborder. Aber es gibt auch zwei oder drei echte Fischer mit eigenem Kutter, die in die Fußstapfen ihrer Väter getreten sind, Holzboote mit Dieselmotor, eine Bäckerei, eine Kirche und die *Grand Bar des Goudes*, wo an den Tagen mit Bouillabaisse Gaby seines Amtes waltet.

Ein sonniges Mahl

Wie heißt es in einem von Fernandels Liedern: »Für eine gute Bouillabaisse muss man früh aufstehen …« Richtig ernst wird es dann, wenn der Fischer mit seinem Korb zurückkehrt. Denn das Gelingen einer Bouillabaisse hängt von der Vielfalt und der Menge der Fische ab. Sie stammen alle von felsigem Grund und entspringen dem Zusammenspiel von Meereswasser und weißem Kalkstein. Und sie werden im ausgelegten Netz gefangen, wodurch ihr ganzes Aroma erhalten bleibt, und nicht etwa mit dem Schleppnetz, in dem die ertrunkenen toten Fische hängen bleiben. »Der Beruf stirbt langsam aus«, seufzt Jacky, einer der letzten Fischer in Les Goudes, »denn man muss so dicht wie möglich an die Felsbänke ran, womit man sich nicht selten die Netze ruiniert.«

> »Eine Bouillabaisse für zwei oder drei, das haut nicht hin. Je mehr mitessen, desto besser, denn umso mehr verschiedene Fische kommen hinein.«

Mit ihren leuchtenden Farben sind all diese Fische einzigartig, gleich ob rot, grün oder blau schillernd. Gaby betet ihre Namen herunter, als läge in dieser schier endlosen Aufzählung schon ein Teil des Genusses: Brauner und Roter Drachenkopf, Meeraal, Seeteufel, Petersfisch, Petermännchen, *chapon*, eine Art Felsdrachenkopf … In Les Goudes – und zwar ausschließlich in diesem Stadtviertel von Marseille –

Bouillabaisse à la marseillaise

Das klassische provenzalische Fischgericht aus Marseille, nach einem Rezept von Gaby, Küchenchef in der *Grand Bar des Goudes*.

Für 10 Personen
Vorbereitung: 1 Stunde 30 Minuten
Garzeit: etwa 20 Minuten

4 kg Fisch und Weichtiere (Meerbarbe, Drachenkopf, Knurrhahn, Meeraal, Seeteufel, Petersfisch, Krake, Petermännchen)
200 ml Olivenöl
3 Zwiebeln
7 Knoblauchzehen
5 sehr reife Tomaten
Salz, Cayennepfeffer
1 Zweig Fenchelgrün
1 *bouquet garni* (siehe S. 14)
8 Safranfäden
1 kg Kartoffeln
10 Seeigel
10 Scheiben Landbrot

Für die Rouille
2 Knoblauchzehen
Salz
1 Eigelb
10 Safranfäden
Cayennepfeffer
200 ml Olivenöl

1- Die Fische abschuppen, Flossen abschneiden und abspülen (wenn möglich in Meerwasser). Samt den Gräten in grobe Stücke schneiden. Den Kraken waschen und in Stücke schneiden.

2- Das Olivenöl in einer großen Kasserolle erhitzen, die Zwiebeln abziehen, hacken und hinzugeben, ebenso 6 zerdrückte Knoblauchzehen und das klein geschnittene Krakenfleisch; Tomaten abziehen, Kerngehäuse entfernen und das gewürfelte Fruchtfleisch hinzufügen. Bei schwacher Hitze rund 5 Minuten bräunen und dabei alles vorsichtig umrühren, damit das Öl die Aromen aufnehmen kann.

3- Die Fischstücke in die Kasserolle geben, die größeren zuerst, die kleineren am Schluss. Mit kochendem Wasser bedecken, um den Bratensatz zu lösen, dann Salz, Cayennepfeffer, den Fenchelzweig, *bouquet garni* und Safran hinzufügen. Bei mittlerer Hitze ungefähr 10 Minuten garen und dabei hin und wieder vorsichtig umrühren, damit sich der Fisch nicht auf dem Boden absetzt. Brühe abschmecken. Die Bouillabaisse ist gar, wenn Sud, Öl und Wasser gebunden sind.

4- Für die Rouille die Knoblauchzehen von ihrem Keim befreien und mit grobem Salz in einem Mörser zu einem feinen Mus verarbeiten. Eigelb und Safran hinzufügen, mit Cayennepfeffer würzen und nach und nach unter kräftigem Rühren das Öl wie für eine Mayonnaise einarbeiten.

5- Die Kartoffeln schälen, in dicke Stücke schneiden und in Salzwasser 15 bis 20 Minuten weich kochen. Die Seeigel mit einer Haushaltsschere öffnen, den Rogen (Corail) auslöffeln und aufbewahren.

6- Die Fischteile in einer flachen Schüssel anrichten. Rogen in die Brühe einrühren. Das Landbrot in dicke Scheiben schneiden, mit Knoblauch einreiben und je eine Scheibe auf einen Suppenteller legen. Mit sehr heißer Brühe übergießen und etwas Rouille darüber geben. Fisch und Kartoffeln separat dazu reichen.

Links
In der *Grand Bar des Goudes* bereitet Gaby, einstiger Matrose und inzwischen Jäger, Fischer und einzigartiger Koch, die Bouillabaisse zu. Erster Akt der Zeremonie: die Reinigung der Fische in Meereswasser.

Rechts
Im Hafen von Les Goudes.

gehören auch Kraken, Muscheln, ja selbst Seeigel hinein, deren Rogen im letzten Moment zugegeben wird, um den Geschmack noch zu intensiveren. Dieses Gericht verträgt eben alles, nur keine Beschränktheit.

Ein Mythos wird geboren

Zur selben Stunde geht es anderswo in der Stadt vermutlich ganz ähnlich zu. Denn die Bouillabaisse ist eine Zeremonie unter Eingeweihten, und deren gibt es viele. Ihre Entstehung verdankt sie ursprünglich schlicht den Erfordernissen der Arbeit. Wie ihre phokäischen Vorfahren auch, begaben sich die Fischer von Marseille mit einem Segel- oder Ruderboot auf Fischfang. Da sie drei oder vier Stunden unterwegs waren, mussten sie für eine Mahlzeit vorsorgen oder vor Ort etwas auftreiben. Die Fische, die für den Verkauf gedacht waren, schieden natürlich aus, mit Ausnahme derer, die bereits von ihren Artgenossen angefressen und in Mitleidenschaft gezogen worden waren. Man kochte sie auf einem Holzfeuer in einem Kessel mit Meereswasser und gab Knoblauch und Fenchel hinzu, die leicht zu transportieren waren. Die Tomate gesellte sich erst später dazu, nachdem sie im 17. Jahrhundert aus Mittelamerika eingeführt worden war, und noch später der Safran als einer der Vorzüge, die der Handel mit den Kolonien im Morgenland mit sich brachte. Bei dieser Bouillabaisse handelte es sich jedoch zunächst um nichts anderes als eine aromatisierte Brühe. »Der Wandel kam im 19. Jahrhundert, als sich im Zuge des Handels mit Übersee eine bürgerliche Klasse entwickelte, die sich im Landesinneren niederließ«, führt M. Minguella aus, Inhaber vom *Miramar*, dem besten Restaurant im alten Hafen. »Sie beschäftigte Köchinnen aus dem Fischereimilieu, die ihre Herrschaften wiederum mit Bouillabaisse vertraut machten, allerdings in einer bereits sehr verfeinerten Form. Anstelle von Wasser wurde beispielsweise eine vorgekochte Fischsuppe verwendet.« So entsteht die »echte« Bouillabaisse, die sich aufmacht, die ganze Welt zu erobern.

Von den Fischern zu den Müßiggängern

Es ist die Zeit der Belle Époque, in der Marseille davon träumt, ein mondäner Badeort zu sein. Das einstige Essen der Fischer wird zum Sinnbild für feine Lebensart. Restaurants und Künstler greifen die Legende bereitwillig auf. Nach Kriegsende gibt es nicht ein Restaurant im alten Hafen, auf dessen Karte nicht die mehr oder weniger gelungene Bouillabaisse auftaucht.

> »Wissen Sie, warum man Lauch in die Bouillabaisse gibt? Weil das gegen Rheuma hilft. Ungelogen!«

Die Spezialität von Ambrogiani, dem Korsen unter den Malern der Stadt, sind »Stilleben mit Bouillabaisse«, Drachenköpfe und Petersfische, die er in den wildesten Farben auf die Leinwand bannt. Ein Stückchen weiter, unterhalb von La Corniche, die über ein großes Viadukt das Vallon des Auffe überspannt, wirkt Fonfon für die Nachwelt fort. Der redegewandte Kochkünstler empfing von Gleich zu Gleich Stars wie Brigitte Bardot, Alain Delon, Cocteau, Michèle Morgan und viele andere mehr. Bis hinauf nach Paris galt seine kulinarische Zauberei als Kult. Fonfon ist tot. Sein Neffe tut, was er kann, um die Stellung zu halten, aber inzwischen haben die Dinge ganz andere Dimensionen: Man gebe nur »Bouillabaisse« als Suchwort im Internet ein, und schon erhält man mehrere hundert Antworten. Amerikanische, finnische oder russische Varianten der Bouillabaisse, soll doch der Begriff auch nichts anderes sein als eine grobschlächtige Umschreibung dafür, dass man alles in einen Topf wirft ... Einer anderen Theorie zufolge stammt die Bezeichnung allerdings vom Provenzalischen *bouillepeis*, das sich aus *bouillir*, »kochen«, und *peis*, »Fisch«, zusammensetzt. Was nun die plausiblere Erklärung sein mag, ist, dem Marseiller Temperament gemäß, jedem selbst überlassen ...

Eier-Bouillabaisse

Für 4 Personen
Vorbereitung: 25 Minuten
Garzeit: 40 Minuten

1 Zwiebel
2 Stangen Lauch, jeweils das weiße Ende
2 Tomaten
8 kleine Kartoffeln
4 EL Olivenöl
4 Knoblauchzehen
Saft von 1 Orange
8 Safranfäden
1 *bouquet garni* (siehe S. 14)
5 Zweige glatte Petersilie
grobes Salz (*Fleur de sel*), Pfeffer
4 Scheiben geröstetes Landbrot
4 Eier

Das Wort »Bouillabaisse« – *bouillir* bedeutet »kochen« und *abaisser* »senken« – bezeichnet nicht das eigentliche Gericht, sondern eine Zubereitungsmethode, die nicht nur für Fisch, sondern auch für Schnecken, Spinat oder Mangold geeignet ist.

1- Die Zwiebel abziehen. Den Lauch waschen und putzen. Zwiebel und Lauch in dünne Scheiben schneiden. Die Tomaten waschen, entkernen und klein würfeln. Die Kartoffeln schälen und in sehr dünne Scheiben (etwa 4 mm dick) schneiden.

2- 3 Esslöffel Olivenöl in eine große Kasserolle geben und anwärmen, Zwiebel und Lauch hinzugeben, bei schwacher Hitze dünsten, ohne dass sie Farbe annehmen; Tomaten sowie 3 abgezogene und zerdrückte Knoblauchzehen, Orangensaft, Safran, *bouquet garni*, Petersilie und Kartoffelscheiben hinzufügen. Die Kasserolle 10 cm hoch mit kaltem Wasser auffüllen, sodass alle Zutaten bedeckt sind. Mit Salz und Pfeffer würzen und 20 Minuten bei sehr schwacher Hitze garen.

3- Die Brühe in eine Kasserolle abseihen (Kräuter und Kartoffeln aufbewahren). Die Brotscheiben rösten, mit Knoblauch einreiben und leicht mit Olivenöl bestreichen, auf große tiefe Teller verteilen. Die Eier einzeln in der Brühe pochieren und auf dem Brot anrichten.

4- Die Brühe nochmals abseihen, die Kräuter und Kartoffelscheiben wieder in die Brühe geben und zusammen mit dem sehr heißen Gemüse zu den Eiern reichen.

Geflügel-Langusten-Bouillabaisse

Bei einer guten Bouillabaisse ist es auch erlaubt, zwei besonders köstliche Produkte miteinander zu kombinieren: Geflügel- und Langustenfleisch.

1- Die Languste 1 Minute lang in kochendes Wasser tauchen. Den Kopf abschneiden, den Rumpf der Länge nach öffnen, den Corail mit einem Teelöffel herauslösen, im Mixer zerkleinern und kühl stellen. Das Fleisch aus dem Schwanz herauslösen und die Schalen (Kopf und Schwanz) mit einem Hammer grob zerstoßen.

2- Die Schalotten abziehen und hacken; 2 Knoblauchzehen abziehen und zerdrücken, die Tomaten in große Würfel schneiden. Die Hälfte des Olivenöls in einen Schmortopf geben und erhitzen, die Langustenschalen mit Schalotten und Knoblauch darin anbraten, mit Salz und Pfeffer würzen. 5 Minuten bräunen und dabei ständig umrühren, bis die Schalen leicht karamellisiert sind. Mit dem Fischfond ablöschen, Fenchel und Safran hinzugeben. 10 Minuten bei schwacher Hitze kochen; die Brühe vom Herd nehmen, mit Küchenfolie bedecken und 4 Stunden bei Raumtemperatur stehen lassen.

3- 30 Minuten vor dem Servieren die Kartoffeln in kochendem Salzwasser 20 Minuten weich garen.

4- Den Rest des Olivenöls in einen anderen Schmortopf geben; das Hühnchenfleisch von beiden Seiten anbraten, den Langustenschwanz und die gewürfelten Tomaten hinzugeben, mit der Brühe ablöschen und das Ganze 25 Minuten bei schwacher Hitze garen.

5- Die Brotscheiben mit Knoblauch einreiben und auf tiefe Teller verteilen. Das in feine Scheiben geschnittene Hühnerfleisch und das zerkleinerte Langustenfleisch auf dem Brot anrichten. Den Bratenfond aufkochen und Corail einrühren. 1 Minute kochen lassen, durch ein Sieb geben und das Gericht mit der Sauce überziehen. Sehr heiß mit zerdrückten Kartoffeln, aber ohne Rouille (siehe S. 112) servieren.

Für 4 Personen
Vorbereitung: 30 Minuten
Ruhezeit: 4 Stunden
Garzeit: 1 Stunde

1 lebende Languste à 2,5 kg
2 Schalotten
3 Knoblauchzehen
2 Tomaten
4 EL Olivenöl
grobes Salz (*Fleur de sel*), Pfeffer
500 ml Fischfond
1 Zweig (wildes) Fenchelgrün
8 Safranfäden
4 Kartoffeln
4 Hühnerbrüstchen
(vom jungen Masthuhn)
4 Scheiben geröstetes Landbrot

Fischterrine nach Art von Joël Passédat

Das Geheimnis einer guten Fischterrine ist die Qualität der Bouillabaisse. Das Rezept für *compressé de bouillabaisse* stammt von Joël Passédat vom Restaurant *Le Petit Nice* in Marseille und basiert auf der Bouillabaisse à la marseillaise (siehe S. 112).

1- Die Fische aus der Bouillabaisse filetieren und sämtliche Gräten entfernen. Die Gelatine kalt einweichen. Brühe in eine Kasserolle seihen und erhitzen. Die eingeweichte Gelatine hineingeben und kräftig schlagen, damit sie sich auflöst.

2- Eine Schicht Fisch in eine Terrine aus Keramik legen, mit der Brühe bedecken, in Scheiben geschnittene Kartoffeln darüber verteilen, Fisch darüber geben und mit Brühe auffüllen. Jede Schicht mit dem Löffelrücken leicht andrücken. Die Terrine 3 Stunden im Kühlschrank erstarren lassen.

3- Zum Servieren wird die Terrine auf ein Küchenbrett gestürzt und mit einem elektrischen Messer in dicke Scheiben geschnitten. Dazu ein Aïoli und in Öl geröstete, gewürzte, warme Knoblauchcroûtons reichen. Auch ein Löwenzahnsalat, mit hochwertigem Olivenöl angemacht, eignet sich hervorragend als Beilage.

Für 6 Personen
Vorbereitung: 30 Minuten
Kühlzeit: 3 Stunden

1 kg fertig gegarte Bouillabaisse,
mit 300 g Kartoffeln und 1 l Brühe
5 Blatt Speisegelatine
150 g Aïoli (siehe S. 151)
50 ml Olivenöl
Salz, Pfeffer
1 Knoblauchzehe
6 Scheiben Landbrot

Fondue in Savoyen

Es dürfte wohl die schlichteste Form der Gastfreundschaft sein, wenn man einen Topf auf den Tisch stellt und die geladenen Gäste ihr rudimentäres Mahl selbst zubereiten lässt. In der Heimat von Gruyère und Beaufort ist aus dieser Tradition ein verbrieftes Rezept hervorgegangen.

Oben
Derjenige, dessen Brot in die Sauce fällt, schuldet ein Pfand.

Rechts
Die Genossenschaftskeller des Beaufort, in denen die Käselaiber reifen. Diese müssen zur Unterstützung des Reifeprozesses regelmäßig abgewischt und gewendet werden.

Galaabend im *Oberoi*, einem Hotel gehobener Kategorie in Bombay. Man erwartet Gäste aus aller Welt, für deren Empfang man sich auf ein kulinarisches Leitmotiv geeinigt hat: Fondue in allen erdenklichen Formen, angefangen bei seiner chinesischen Variante zum Auftakt über die klassische Savoyer Rezeptur mit Käse als Hauptgang bis hin zu einem Schokoladenfondue zum Dessert. Die Anekdote zeigt nicht nur, wie beliebt das gute alte Fondue über den verschneiten Horizont französischer Skistationen hinaus ist. Sie rückt auch einen Brauch ins Licht, der weit über die Grenzen eines einzigen Landes hinaus weist: Man stelle einen Topf für alle auf den Tisch und mache jeden Gast zum Gebieter über sein leibliches Wohl. In dem Topf wird nicht nur Käse geschmolzen, auch Gemüse, Zwiebeln oder Fleisch gegart, kurzum alles, was man zu mehreren verspeisen kann.

Der König unter den Gruyère

Seit rund zehn Jahren verbringt Fabrice Pacton jeden Sommer auf den Almen der Tarentaise, einer Hochalpenlandschaft in Savoyen. Die steinerne Berghütte, in die er sich Mitte Juni zurückzieht, ist gleichzeitig ein modernes Labor, in dem er jeden Tag seinen Tomme herstellt, jeder um die fünfzig Kilo schwer. Die Milch dazu liefern sowohl rotbraun gefleckte als auch braune Kühe mit hübschen, schwarz umrandeten Augen. Fabrice, in dessen Familie es weder Bauern noch Schäfer gibt, ist Käser geworden, weil er die Weite liebt und den Geschmack von jenem Käse, der, gekrönt mit einer AOC-Herkunftsbezeichnung, gewissermaßen als der König unter den Greyerzern gilt: Beaufort.

Beaufort gehört in jedes Fondue, das etwas auf sich hält, auch auf die Gefahr hin, dass sein ausgeprägter Geschmack nach einem Ausgleich in Form der aus dem Nachbarland stammenden Käsesorten Comté und Emmentaler verlangt, die im 19. Jahrhundert durch Einwanderer aus Bern ihren Weg nach Savoyen fanden. Was dann folgt, ist das Geheimnis jeder Familie und liegt oft in einem Stück Savoyer Tomme, der auf keinem Bauernhof gleich schmeckt. Ein Topf, dessen Innenwand mit Knoblauch einge-

rieben wird, als Wein einen Apremont, einen Abymes oder einen Chignin, der gleich einer Attacke mit der Steinschleuder in die Mischung fährt. Ein Holzlöffel zum Umrühren und geröstete Graubrotwürfel nach Belieben. Manche geben zum Schluss noch ein paar Spritzer Kirschwasser hinzu und erinnern auf diese Weise daran, dass das Elsass nicht weit weg ist und die Alpenpässe nicht etwa als Hindernis zu verstehen sind, sondern vielmehr als Aufforderung, sie zu überqueren, um es Hannibal, den Giganten der Tour de France oder auch nur den einst umherziehenden Händlern gleichzutun.

Wohl und Wehe rund um einen Käse

Seit dem Mittelalter wird Beaufort vielfach verzehrt und ist, wie das Schwein im Pökelfass, ein Grundnahrungsmittel. Die Ärmeren kennen ihn lediglich als *sérac*, als kompakten Frischkäse aus der Molke, die bei der Herstellung von Greyerzer Käse abfällt. Schweizer wie französischer Gruyère besteht aus gepresster Rohmasse, die zuvor auf rund fünfzig Grad erhitzt wurde, um den körnigen Bruch geschmeidig zu machen. Die Idee, diesen Käse erneut zu erhitzen, ist somit auch kein Sakrileg, sondern ergibt sich allein schon aus der Tatsache, dass der im Keller gereifte Käse schließlich von relativ fester Konsistenz ist und der allgemeine Zustand der Zähne damals noch lange zu wünschen übrig ließ. Schon 1477 bekundete ein Arzt nach seiner Rück-

kehr von einer Reise nach Maurienne sein Entzücken über Käselaiber, die so dick waren wie der Arm eines Mannsbildes. Sie waren sehr fetthaltig, schmolzen hervorragend und wurden gemeinhin als *nombles* bezeichnet. Ein Jahrhundert später fanden sich diese Informationen in den Aufzeichnungen der Abtei von Talloires wieder. Oft wurden die Käsestücke einfach in die Glut gelegt. Der Brauch erhielt sich bis in die Belle Époque. Diese Art des gemeinschaftlichen Mahls wurde durch die Sozialstruktur in Savoyen in der Tat begünstigt. Die so genannten *fruitières*, frühzeitige Käsegenossenschaften, zeugen von einem hervorragend ausgebildeten Gemeinschaftswesen in der Gegend. Die Savoyer gingen bereits früh dazu über, Produktionsmittel und Weideland gemeinschaftlich zu nutzen.

»Woher das Rezept stammt? Vielleicht gar nicht mal von den Savoyer Bauern, denn die ältesten unter ihnen fragen sich noch heute, wie man Wein so vergeuden und mit Käse zusammenschütten kann.«

Linke Seite oben
Das Beaufortin-Massiv im Herbst: Die Sommerbeweidung geht dem Ende zu, Zeit für die Rückkehr ins Tal.

Linke Seite unten
Nachdem man den Bruch erhitzt hat, lässt man die Molke ab und füllt den Käse anschließend in Formen.

Oben links
Der Käse wird in der Form gepresst.

Oben rechts
Das Waschen der Tücher, die für die Käseherstellung benötigt werden, gehört zu den täglichen Aufgaben von François Bonnet. Den ganzen Sommer verbringt er in den Bergen im Refuge de la Baume und produziert Beaufort.

Savoyer Käsefondue

Für 6 Personen
Vorbereitung: 15 Minuten
Garzeit: 10 Minuten
Zubehör: Fondue-Service

400 g alter Beaufort
400 g junger Beaufort
2 Knoblauchzehen
500 ml trockener Weißwein (Apremont)
400 g Mischbrot
20 ml Kirschwasser
Salz, Pfeffer
1 Prise geriebene Muskatnuss

1- Käse in kleine Würfel schneiden. Die Knoblauchzehen in der Schale halbieren und den Fonduetopf aus Steingut oder emailliertem Gusseisen damit ausreiben.
2- Die Käsewürfel in den Fonduetopf geben, Weißwein zugießen und den Käse unter ständigem Rühren mit dem Kochlöffel langsam zum Schmelzen bringen. 3 Minuten weiter erhitzen, bis der geschmolzene Käse eine homogene Masse bildet.
3- Rechaud anzünden und in die Tischmitte stellen. Das Mischbrot in Würfel schneiden und unter den Gästen aufteilen.
4- Zum Servieren das Kirschwasser in den Käse einrühren, mit Salz, Pfeffer und Muskatnuss abschmecken. Zu dem sehr heißen Fondue wird ein weißer Apremont oder ein Myans gereicht.

Käsecremesuppe mit Kartoffeln und geröstetem Brot

Dieses einfache, bekömmliche Rezept vereint den Käse des Fondues mit den Kartoffeln der Tartiflette.

Für 6 Personen
Vorbereitung: 20 Minuten
Garzeit: 55 Minuten

300 g Kartoffeln
1 Stange Lauch, davon das weiße Ende
1 Schalotte
110 g Butter
Salz, Pfeffer
1 l Hühnerbrühe
150 g altes oder geröstetes Mischbrot
1 Knoblauchzehe
200 g Reblochon
100 g Beaufort
50 g Crème fraîche

1- Die Kartoffeln schälen und grob würfeln. Den Lauch waschen, putzen und in dünne Ringe schneiden; die Schalotte abziehen und hacken.
2- 80 g Butter in einer schweren Kasserolle erhitzen; sobald sie zu schäumen beginnt, Lauchringe und Schalotte dazugeben, anbraten, ohne dass sie Farbe annehmen, und 10 Minuten bei schwacher Hitze weich garen. Die Kartoffelstücke hinzugeben, mit Salz und Pfeffer würzen, die Hühnerbrühe zugeben und das Ganze 35 Minuten kochen.
3- Das Brot in dicke Scheiben schneiden, mit der Knoblauchzehe einreiben, mit Butter bestreichen und unter dem Grill goldgelb rösten. Leicht abkühlen lassen, in den Mixer geben und zerkleinern. Den Käse in kleine Würfel schneiden.
4- Die Suppe direkt in die Kasserolle passieren, unter gleichmäßigem Rühren mit Crème fraîche und zerkleinertem Käse vermengen. 5 Minuten kochen, mit den Gewürzen abschmecken; die Suppe nochmals passieren und in tiefe Teller gießen. Dick mit Bröseln bestreuen und kochend heiß servieren.

Tartiflette

Diese gelungene Verbindung von Käse (vorzugsweise Reblochon), knusprig gebratenen Kartoffeln und Landschinken ist eine Weiterentwicklung des Fonduerezeptes.

1- Die Kartoffeln mit der Schale 15 Minuten in kochendem Salzwasser weich garen, schälen und in dicke Scheiben schneiden.

2- Die Zwiebeln abziehen und in dünne Scheiben schneiden; Butter in der Pfanne zerlassen, zum Schäumen bringen und die Zwiebeln darin weich garen; Schinken würfeln und hinzugeben, ebenso die Kartoffelscheiben. Mit Salz und Pfeffer würzen. 15 Minuten goldgelb braten und hin und wieder umrühren. Das Gargut in eine große Auflaufform aus Keramik geben.

3- Den Reblochon mit dem Messer abkratzen, quer halbieren und auf die Kartoffeln setzen.

4- Weißwein in die Form gießen und die Tartiflette bei 180 °C (Gas Stufe 2–3, Umluft 160 °C) 30 Minuten im Ofen backen. Das knusprige, innen sahnig weiche Gericht wird mit dem Löffel gegessen. Dazu passt Löwenzahnsalat.

Für 6 Personen
Vorbereitung: 20 Minuten
Garzeit: 1 Stunde

900 g Kartoffeln
2 große Zwiebeln
50 g Butter
1 dicke Scheibe Räucherschinken
(etwa 300 g)
Salz, Pfeffer
1 Reblochon
400 ml trockener Weißwein aus Savoyen

Das Fondue auf seinem Weg ins Tal

Hier und da tauchten jedoch auch schon verfeinerte Rezepte auf. So gab man schon einmal Sardellen aus dem Mittelmeer oder aus Mailand stammenden Saft von der Bitterorange – eine noch heute im Chablais übliche Zubereitung – in den *caquelon*, wie der Fondue-Topf im Schweizer Jura genannt wird. Dort hatte sich das Fondue offenbar rascher etabliert.

Das klassische Fondue aber schien lange Zeit auf den Norden Savoyens beschränkt zu sein, wo sich der Einfluss der Schweiz stärker bemerkbar machte. Zumindest in den einfachen Kreisen, denn schon Ende des 18. Jahrhunderts entdeckten die wohlhabenderen Reisenden den Reiz des Gebirges und die heilsame Wirkung frischer Luft. Sie entwickelten kulinarische Neuheiten und legten den Grundstein für das landesweite Renommee des Fondues. Diese vorzeitigen Touristen nutzten ihren Aufenthalt nicht selten, um nach dem Traummann oder der Traumfrau Ausschau zu halten, und so landete eine stattliche Anzahl von Savoyer Frauen am Herd großbürgerlicher Pariser Häuser. Dort wurde das Fondue kärglicher Abendrunden dann auf den Zuschnitt mondäner Tafelrunden gebracht. Und fortan ähnelten die entsprechenden Rezepte denen von Brillat-Savarin, selbst ein aufgeklärter Liebhaber, stammte er doch aus dem benachbarten Bugey: »Man wiege die Eier, die man nach der Anzahl der Gäste zur Fondue verwenden will. Alsdann nimmt man ein Stück guten Greyerzer Käse, das ein Drittel, und ein Stück Butter, das ein Sechstel vom Gewicht der Eier hat. Die Eier werden in eine Kasserolle geschlagen und tüchtig umgerührt, dann die Butter und der geschabte oder klein geschnittene Käse zugesetzt. Nun setze man die Kasserolle auf ein lebhaftes Feuer und rühre die Mischung mit einem Spatel um, bis sie dickflüssig und weich ist. Dann tue man eine gehörige Menge Pfeffer daran und serviere die Fondue auf einer leicht erwärmten Schüssel, lässt den besten Wein aufsetzen, von dem gehörig getrunken werden muss, und man wird Wunder sehen.«

Ein Sinnbild für den Wintersport

Dass in den siebziger Jahren im *Guide gourmand de la France*, der damals vom Guide Bleu herausgegeben wurde und regionalen Spezialitäten sehr zugetan war, das Fondue nicht einmal erwähnt wird, spricht Bände. Es folgte jedoch die Zeit, da die großen Wintersportstationen errichtet wurden und Skifahren zum Massensport wurde. Ein Fondue ist einfach in der Zubereitung, die Zutaten kosten nicht viel: Fondue wird zum Symbol für Winterferien, für das gemütliche Beisammensein rund um ein gemeinsames Mahl nach einem Tag in der Kälte.

Die Großindustrie nimmt sich der Bewegung an. Moulinex, Seb und ihre Konkurrenten kreieren immer neues Fondue-Geschirr, das auf den Haushaltswarenmessen für Aufsehen sorgt. Diese modernen, praktischen Gerätschaften, die irgendwo zwischen Küche und Wohnzimmer anzusiedeln sind und die Hausfrau von der lästigen Pflicht der Essenszubereitung entbinden sollen, sind das bevorzugte Muttertagsgeschenk unserer Kindheit. Und mit ihnen hält das Fondue Einzug in den Haushalten.

> »Fondue wird hier noch immer viel gegessen. Allerdings nur zu Hause, unter Freunden, und niemals im Restaurant.«

Eine Modeerscheinung also. Und, wie die Mode selbst, einem ständigen Wandel unterworfen. So nimmt es nicht wunder, dass derzeit ein anderes Savoyer Gericht, eine Spezialität aus der Gegend von Thônes, im Rampenlicht steht. Kartoffeln, Speck und geschmolzener Reblochon: Auch wenn sie sich dem Vorwurf ausgesetzt sieht, lediglich eine Replik zu sein, hat die Tartiflette dem Fondue sowohl in Wintersportgegenden als auch andernorts mittlerweile den Rang abgelaufen.

Huhn à la crème aus der Bresse

Huhn oder Poularde, das Geflügel aus der Bresse ist das einzige, das die Herkunftsbezeichnung AOC trägt. Um das zarte, fette Fleisch noch mehr zur Geltung zu bringen, wird es überall in der Bresse mit Sahne gekocht. Die Großeltern des mehrfach sternengekrönten Georges Blanc verwöhnten bereits Édouard Herriot auf diese Weise. Heute treibt die ganze Gegend einen wahren Kult mit ihrem Flügeltier, das wie Kleinod gehegt wird.

Oben
Ein schönes Bresse-Huhn ist schon ein Genuss fürs Auge. Die Haut muss straff und glatt sein, gleichmäßig gefärbt und einwandfrei gesäubert. Diese Kriterien sind, neben anderen, ausschlaggebend, wenn anlässlich des alljährlich stattfindenden Geflügelmarktes, der *Glorieuses*, Feinschmecker und Leute vom Fach zusammenkommen.

Rechts
Früher gab es im Bresse graue, weiße oder schwarze Hühner. Heutzutage wird nur noch den weißen Hühnern die äußerst selektive Auszeichnung »AOC« verliehen. Blaue Läufe, weiße Federn, roter Kamm: Das weltweit exportierte Federvieh trägt die Farben Frankreichs.

Mit seinen über siebzig Jahren hat der Hühnerzüchter Marcel Volailler, dessen sinnträchtiger Nachname »Geflügelhändler« durchaus als Omen verstanden werden kann, noch den Geschmack seines ersten Huhns à la crème auf der Zunge. »Ich war noch ein Knirps, ich half meiner Großmutter, die Hühner zu stopfen, und plötzlich erstickte eines. Nur diesem Unfall habe ich es zu verdanken, dass ich von diesen Hühnern kosten durfte, die ich sonst immer nur im Hof herumlaufen sah.«

Das königliche Geflügel
Schon Heinrich IV. ließ es sich schmecken, auch auf die Gefahr hin, seine Bearner Landsgenossen vor den Kopf zu stoßen, und im 19. Jahrhundert weihte Brillat-Savarin dieses Federtier zur »Königin des königlichen Geflügels«. Es folgte die ganze Litanei der Küchenchefs des 20. Jahrhunderts, die dem Bresse-Huhn zu seinem Platz im

Pantheon der französischen Kochkunst verhalfen. In den Jahren um 1960 sah man Paul Bocuse auf Abbildungen praktisch ausschließlich mit irgendeinem weißen Vogel unterm Arm. Bei *Mère Brasier*, einer der ersten Lyoner Adressen, fand kein Essen ohne *poularde demi-deuil*, der »Poularde in Halbtrauer«, statt. Auch Georges Blanc hat sie sich auf die Fahnen geschrieben und den bei ihm versammelten Staats- und Regierungschefs sein auf denkbar traditionelle Weise zubereitetes Sahnehuhn serviert. Seine Vorfahren glänzten allerdings auch schon mehr als hundert Jahre in dieser Domäne. Im Gasthof der Familie in Vonnas fanden sich vor allem Geflügelzüchter und -händler ein, die nach erfolgreichem Geschäftsabschluss hier für ihr leibliches Wohl sorgten. Später machte sich die berühmte Mutter Blanc mit ihrem samtigen Huhn, das auf der Zunge zerging und dabei doch wunschgemäß gebraten war, bis hin nach Paris einen Namen. Curnonsky schrieb bereits 1933, sie sei »die beste Köchin der Welt«. Mit seinen drei Michelin-Sternen hält sich auch ihr Enkel Georges recht wacker. Dass jemand wie er für den Vorsitz des überaus seriösen »Berufsübergreifenden Geflügelverbands in der Bresse« berufen wurde, versteht sich von selbst.

Poularde à la crème

Dieses Huhn in Sahne stammt von Madame Hugon, der Küchenchefin des berühmten Restaurants *Chez Hugon* in Lyon.

1- Die Zwiebeln abziehen und hacken. Butter in einem großen Schmortopf aus Gusseisen erhitzen, die Hühnerteile darin anbraten, ohne dass sie Farbe annehmen. Mit Salz und Pfeffer würzen. Zwiebeln dazugeben, mit Weißwein ablöschen und die Hitze drosseln. Das Ganze im geschlossenen Topf 40 Minuten bei sehr schwacher Hitze kochen. Ab und zu umrühren.

2- Nach halber Garzeit, wenn der Weißwein fast verdunstet ist, die Hühnerteile mit Mehl bestäuben, alles umrühren und die Crème fraîche in den Topf geben. Bei schwacher Hitze fertig kochen und das Hühnchen ab und zu mit etwas Sauce begießen.

3- Die Hühnerteile in eine Servierschüssel geben. Den Topf vom Herd nehmen und die Sauce unter Zugabe der Eigelbe kräftig aufschlagen. Abschmecken, Zitronensaft zugeben und das Huhn mit der heißen Sauce überziehen. Dazu passt Pilaw.

Für 6 Personen
Vorbereitung: 40 Minuten
Garzeit: 40 Minuten

2 große Zwiebeln
100 g Butter
1 Bresse-Poularde von etwa 2 kg, in 6 Stücke zerteilt
Salz, Pfeffer
50 ml Weißwein
3 EL Mehl
300 g Crème fraîche
2 Eigelbe
Saft von 1 Zitrone

Geschmorte Poularde mit glasierten Schalotten

Poularden schmecken auch, wenn sie einfach gegrillt oder mit Schalotten geschmort werden. Wird der Topf während des Garvorgangs fest verschlossen, ist das Gericht besonders aromatisch.

1- Die *bouquet garnis* in die Poularde geben und die Öffnung mit Küchengarn zunähen. Salzen und pfeffern. Ofen auf 170 °C vorheizen (Gas Stufe 2, Umluft 150 °C).

2- Die Schalotten und Knoblauchzehen waschen, aber nicht abziehen. Die Poularde in einen gusseisernen Schmortopf oder in eine feuerfeste Glasform legen. Schalotten und Knoblauchzehen ringsherum anordnen. Hühnerbrust mit den Speckscheiben bedecken. Mit Salz und Pfeffer würzen und mit wenig Olivenöl beträufeln. Den Topf verschließen.

3- Den Deckel ringsherum mit einem breiten Streifen Blätterteig abdichten. Das Eigelb in einer Schüssel mit 2 Esslöffeln Wasser verschlagen und den Teig damit bepinseln. Den Topf 2 Stunden in den Backofen stellen.

4- Während des Garvorgangs die Farbe des Teigstreifens kontrollieren. Sobald er sich goldgelb gefärbt hat, mit Aluminiumfolie abdecken, damit er nicht verbrennt.

5- Das Gericht im Topf auftragen. Den Deckel mithilfe eines großen Messers entfernen, damit alle in den Genuss des aromatischen Duftes kommen. Die Poularde mit dem Bratensud übergießen, zerteilen und mit Kartoffelpüree, den Speckscheiben und den in der Schale mitgegarten Schalotten servieren.

Für 6 Personen
Vorbereitung: 40 Minuten
Garzeit: 2 Stunden

3 *bouquet garnis* (siehe S. 14)
1 ganze Poularde von etwa 2 kg, küchenfertig
grobes Salz (*Fleur de sel*), Pfeffer
10 große Schalotten
8 Knoblauchzehen
6 Scheiben Räucherspeck
50 ml Olivenöl
1 Rolle Blätterteig
1 Eigelb zum Bestreichen

Die lange Zuchttradition zwischen Saône und Jura

Bei dieser allgemeinen Begeisterung spielt die geografische Lage der Bresse keine geringe Rolle. Das hügelige Tal, das sich über die Grenzen der Verwaltungsbezirke hinwegsetzt und vom Département Ain über Haute-Saône bis zum Jura verläuft, ist nämlich eine Landschaft, die durchaus auch mehrere große Städte beheimatet. In Lyon, Dijon, Chalons, ja selbst in Genf gönnt man sich schon lange den Genuss von Bresse-Kapaunen und Bresse-Hühnern. Um die Nachfrage zu befriedigen, war man schon sehr bald dazu übergegangen, die Tiere zu züchten, wofür die Frauen Sorge trugen, während die Männer sich eher der Feldarbeit und den Kühen widmeten.

Diese zusätzliche Einnahmequelle macht sich in der ganzen Gegend bemerkbar. So gibt sich Louhans, ein kleiner Flecken mitten auf dem Land, auffällig großstädtisch mit seiner Hauptstraße, auf der sich unter steinernen Arkaden aus der Renaissance Geschäfte und Verkaufsstände aneinander reihen.

Königin der Geflügel

Die Nähe großer Städte erklärt jedoch nicht alles. Seinen Erfolg verdankt das Bresse-Geflügel in erster Linie seiner Qualität, die lange kompromittiert war und 1957 durch die strikten Regeln einer *Appellation d'origine contrôlée*, wie man sie von einem guten Wein kennt, erneut verbrieft wurde.

Es beginnt mit einer strengen Selektion bei den Rasseeigenschaften. Früher gab es graue, schwarze und weiße Hühner. Nur die weißen – die »in den Landesfarben« (blaue Läufe, weißes Gefieder, roter Kamm), wie Georges Blanc hervorhebt – haben überlebt. Bei den Standards überlässt man nichts dem Zufall: Die Küken kommen nicht mehr auf den Höfen zur Welt, sondern werden von Zuchtbetrieben geliefert, die dem Geflügel das sind, was den Pferden ein Gestüt ist. Die ersten Lebensmonate sind paradiesisch. Das Bresse-Huhn wächst im Freien heran, auf den großen Flächen mit dem fetten Gras rings um die Höfe. Wie andernorts Kühe und Schafe, lässt man hier jeden Morgen die Hühner auf die Wiese. Sie ernähren sich von Körnern und Gras, vor allem aber von Regenwürmern, die dem Fleisch seinen besonderen Geschmack geben.

> »Mit ihren Züchtern und ihren Unterpräfekten, den Reden und Banketten haben die Glorieuses etwas von einer Landwirtschaftsausstellung zur Zeit der Dritten Republik.«

Es folgt die Zeit des Mästens. Man rückt heran, wenn die Hühner dösen, und setzt sie in Holzkäfige unter das Licht einer Elektrolampe, wo sie rund zwei Wochen bleiben. Die Freiheit ist ihnen abhanden gekommen, doch dafür steht ihnen eine erstklassige Ernährung zu: zerkleinerter Mais mit Milch oder Molke. Mais ist ein weiterer regionaler Schatz. Früher hängte man ihn zum Trocknen an das Tor der Bauernhöfe, als Zeichen des Wohlstands. Und die Molke fällt bei der Herstellung von *formage blanc*, dem köstlichen Frischkäse aus der Bresse, ab.

Heraus kommt ein Geflügel von fettem und zartem Fleisch, das in acht Teile zerlegt und gebraten wird, damit der ganze Saft erhalten bleibt, bevor die Sahne sich zur Untermalung der butterweichen Konsistenz dazugesellt und ihrerseits sämtliche Aromen des Fleisches annimmt. Und darum entspinnt sich wiederum ein wundersamer Kult, dem sich nichts und niemand hier zu entziehen scheint.

Die *Glorieuses*

Die spektakulärste und auch populärste Huldigung erweist das Volk in der Bresse seinem Vorzeigeprodukt alljährlich während der nicht zu Unrecht als *Glorieuses* bezeichneten Märkte, wenn das schönste Geflügel prämiert wird. Jedes Jahr in der dritten Septemberwoche bewegt sich die Zeremonie von Bourg-en-Bresse nach Louhans, von Montrevel nach Pont-de-Vaux. »Wir waren immer dabei«, berichtet ein Landarbeiter, der sein ganzes Leben bei zwei Bäuerinnen in Stellung war, die keinen Spaß verstanden, wenn der große Tag nahte. In einer Ecke des Raums vergilben die sorgsam gerahmten Diplome und Auszeichnungen, und lange schon wird der sarazenische Kamin, dessentwegen der Hof unter Denkmalschutz gestellt wurde, nicht mehr benutzt. Doch bei der Schilderung der einstigen Blütezeit schwingt Ehrfurcht in der Stimme mit.

Will man bei den *Glorieuses* die Nase vorn haben, zählt jedes Detail. Die Tiere müssen einwandfrei gerupft sein, jeder Makel auf der seidigen Haut wird mit Punktabzug bestraft. Anschließend werden sie nach einem ganz bestimmten Ritus in Form gebracht: Der Züchter klappt die Läufe unter den Bauch und setzt das Huhn auf zwei weiße Tücher, deren Ränder umgeschlagen, unter dem Bauch über Kreuz geführt und in der Art eines Korsetts vernäht werden, sodass sich beim Zuziehen ein Oval formt. Mit kaltem Wasser wird das Tuch nochmals gespannt, das Geflügel fest gezurrt, die Haut gestrafft. Es fehlt nur noch die Schleife, und das Huhn ist zum Juwel geworden, das auf dem Tisch einer verrauchten Kneipe auf dem Land ebenso seinen Platz hat wie unter den Fresken im Tempel von Paul Bocuse.

Oben links
Heutzutage kümmern sich auch Männer um die einst den Frauen vorbehaltene Zucht der Bresse-Hühner. Hier im Bild der Züchter Didier Grandjean.

Oben rechts
Aufbruch vom Markt in Louhans.

Linke Seite
Im Zeitalter vor den Silos prangte der Schatz der Bresse vor sämtlichen Haustüren. Die Maiskolben wurden unter dem Dach aufgehängt oder auf Gestellen im Hof getrocknet.

Poularde demi-deuil
nach Art von *Mère Brasier*

Dieses berühmte Lyoner Rezept steht für ein köstliches Gericht aus hellen und dunklen Komponenten, cremige Sauce und Trüffelscheiben, was ihm den Beinamen »Halbtrauer« eingetragen hat.

Für 6 Personen
Vorbereitung: 1 Stunde
Ruhezeit: 48 Stunden
Garzeit: 1 Stunde 30 Minuten

150 g frische Trüffeln, gewaschen und abgebürstet
1 ganze Poularde von etwa 2 kg, küchenfertig
4 Stangen Lauch, jeweils das weiße Ende
2 Stangen Staudensellerie
4 kleine Möhren
3 weiße Rüben
1 Pastinake
160 g Butter
300 g geräucherter Bauchspeck
4 l Hühnerbrühe
Salz, Pfeffer

1- Die Trüffeln in feine Scheiben schneiden und unter die Geflügelhaut schieben (Keulen und Brust). Die Poularde zusammenbinden und 48 Stunden im Kühlschrank ruhen lassen, damit das Trüffelaroma in das Fleisch einziehen kann.
2- Am Kochtag das Gemüse waschen, putzen und in dicke Stücke schneiden. Alles mit der Hälfte der Butter in einen großen Schmortopf geben und 15 Minuten garen, aber nicht bräunen. Den Bauchspeck in groben Stücken zum Gemüse geben, mit Brühe ablöschen und 10 Minuten bei schwacher Hitze kochen.
3- Mit Salz und Pfeffer würzen. Die Poularde 1 Stunde in der Brühe sieden lassen, den Topf vom Herd nehmen und die Poularde 20 Minuten ruhen lassen.
4- Das Gemüse abtropfen und auf einen großen Teller geben. Mit Küchenfolie abdecken, damit es warm bleibt. Die Poularde aus der Brühe nehmen und warm stellen. Die Brühe auf die Hälfte einkochen lassen.
5- Den Topf vom Herd nehmen und die Sauce unter Zugabe der restlichen, in kleine Stücke geschnittenen Butter kräftig aufschlagen und abschmecken.
6- Die Poularde auf eine Servierplatte legen, mit der heißen Sauce überziehen und das gegarte Gemüse rundherum anrichten. Die Poularde kann auch zerteilt mit kochend heißer Sauce überzogen und mit dem Gemüse aufgetragen werden.

Pochierte Poularde à la crème
oder Sauce suprême

Für 6 Personen
Vorbereitung: 20 Minuten
Garzeit: 1 Stunde 40 Minuten

2 kleine Möhren
2 weiße Rüben
2 Stangen Staudensellerie
2 Stangen Lauch, jeweils das weiße Ende
150 g Butter
4 l Hühnerbrühe
2 Gewürznelken
2 Zwiebeln
1 *bouquet garni* (siehe S. 14)
Salz, Pfeffer
1 ganze Poularde von etwa 2 kg, küchenfertig
300 g Crème fraîche
3 Eigelbe
Saft von 1 Zitrone

1- Das Gemüse waschen, putzen und in dicke Stücke schneiden; die Hälfte der Butter in einen großen Schmortopf geben und das Gemüse 15 Minuten garen, ohne dass es Farbe annimmt.
2- Mit Brühe ablöschen. Die abgezogenen, mit Gewürznelken gespickten Zwiebeln und *bouquet garni* dazugeben; alles 10 Minuten bei schwacher Hitze kochen. Mit Salz und Pfeffer würzen. Die Poularde 1 Stunde in der siedenden Brühe garen, den Topf vom Herd nehmen und die Poularde 20 Minuten im Kochsaft ruhen lassen.
3- Das Gemüse vorsichtig abtropfen lassen und in eine große Servierschüssel geben, Zwiebeln und *bouquet garni* entfernen. Die Schüssel mit Küchenfolie bedecken, damit das Gemüse warm bleibt.
4- Die Poularde aus der Brühe nehmen und warm stellen. Den Sud auf die Hälfte einkochen, Crème fraîche hinzugeben und 10 Minuten weitergaren lassen. Den Topf vom Herd nehmen, Eigelbe, die restliche Butter in Flöckchen und Zitronensaft dazugeben und durch Schlagen gut in die Sauce einbinden. Abschmecken.
5- Die Poularde in eine Servierschüssel geben, mit reichlich heißer Sauce überziehen und das mitgegarte Gemüse ringsum anrichten.

Pissaladière in Nizza

Ob Pizza, Pita, *pompe* oder *fougasse*: der ausgerollte und im Ofen gebackene Brotteig ist ein gemeinsames Kennzeichen aller Mittelmeervölker. Die Pissaladière verlangt jedoch nach ganz besonderen Zutaten: Olivenöl und Oliven aus Nizza, eingemachte Zwiebeln und, wenn möglich, *pissalat*, eine Würzpaste aus Sardellen und Sardinen.

Oben
Eine vornehmere, aber dennoch stilgerechte Pissaladière, zubereitet von Dominique Le Stanc, dem ehemaligen Küchenchef vom *Négresco*, der jetzt in der Altstadt von Nizza das Bistro *La Mérenda* führt.

Rechts
Zurück vom Fischfang: Der Sohn von Thérèse, einer Fischhändlerin am Cours Saleya, macht im alten Hafen von Nizza fest. Sardellen und Sardinen, die Grundzutaten des *pissalat*, sind erst ab dem Frühjahr zu haben.

In Nizza gibt es keinen Stadtverordneten, keinen Touristen, der nicht eines Morgens an einem der Tische von Theresa landet, vor sich eine Pissaladière oder ein Stück *socca*, auch das eine Spezialität der Gegend auf der Basis von Kichererbsenmehl. Chirac und Jospin waren hier, selbst Alain Ducasse hat dieser Kollegin seine Aufwartung gemacht, unter Nachbarn.

In Wirklichkeit heißt Theresa Suzie. Und vor ihr war Maria da, die auch von jedermann Theresa genannt wurde. Die wirkliche Theresa indes lebte in den zwanziger Jahren und zog mit ihrem Herd auf Rädern und ihren Blechen auf der Promenade des Anglais umher, um ihre Pissaladières zu verkaufen. Mittlerweile hat sich das Geschäft auf den Cours Saleya verlegt, im Herzen des alten Nizza, und morgens werden die heißen Pissaladières auf dem Mofa angeliefert, Stunde um Stunde.

Jedem sein Rezept

Pissaladière ist *die* Spezialität Nizzas schlechthin. Doch nur wenige beginnen, wie einst Theresa, noch um fünf Uhr früh mit ihrer Zubereitung, kneten den Teig unermüdlich mit Olivenöl, lassen die Zwiebeln eine ganze Nacht lang im Holzofen schmoren und backen das Ganze dann, ebenfalls im Holzofen, so lange, bis es eine schöne, goldgelbe Farbe hat. Anderswo wird man dem interessiert Fragenden einen einfachen Brotteig nahe legen, hier einen Mürbe- und dort einen Blätterteig. Man wird ihm versichern, dass man die Schärfe der Zwiebeln mit ein wenig Honig mildern kann, keine anderen Tomaten verwenden darf als die aus dem Breil-Tal, dass man Sardellen in Form von Püree, als Filets oder eben keine dazugibt, wie in Menton üblich. Jeder hat sein eigenes Rezept. Fest steht jedoch, dass in Nizzas alten kleinen Gassen niemand an der landesüblichen Pizza vorbeizukommen scheint.

Seit fünfzig Jahren wird sie an den Holztischen in der Rue Renée-Socca verzehrt, unter der Laube vom Restaurant *El Gesu*, in sämtlichen Bäckereien oder auch auf die Schnelle am Kiosk. Sogar Dominique Le Stanc, der ehemalige Küchenchef im *Négresco*, hat

Sardellenpaste

Ein *pissalat* gehört in jede Pissaladière, die etwas auf sich hält. In Nizza reicht man ihn außerdem zur kalten Platte, zu Vorspeisen und gegrillten Fischen.

1- Die Fische köpfen und ausnehmen. Eine Terrine mit einer etwa 2 cm dicken Schicht Fisch auslegen, mit einer Schicht Salz bedecken und 1 Gewürznelke, einige Pfefferkörner, 1 Lorbeerblatt und einige Thymianzweiglein darauf verteilen. Darüber wieder eine Schicht Fische legen und den Vorgang wiederholen, bis alle Zutaten verbraucht sind.

2- Die Terrine kühl stellen und 8 Tage ziehen lassen. Die Schicht Öl, die sich an der Oberfläche absetzt, abnehmen und das Fischpüree mit dem Holzspatel umrühren und glatt streichen. Den Vorgang (Abschöpfen, Umrühren und Glattstreichen) über 1 Monat hinweg täglich wiederholen.

3- Die fertige Paste durch ein Sieb geben, um Gräten, Schuppen und Gewürze zu entfernen. Den *pissalat* in ein Glas füllen und mit einer dünnen Schicht Olivenöl bedecken. Im Kühlschrank aufbewahren (etwa 3 Monate haltbar).

Die schnelle Variante

1 Kilogramm Anchovis 12 Stunden wässern und durch ein Sieb streichen. Das so gewonnene Püree mit 2 Thymianzweigen und 2 Gewürznelken vermischen, mit 50 Milliliter Olivenöl bedecken und in einem geschlossenen Gefäß im Kühlschrank aufbewahren.

Für 5 bis 6 Pissaladières
Zubereitung über 1 Monat hinweg

1 kg Sardinen und Sardellen
250 g Meersalz
3 Gewürznelken
Pfefferkörner
3 Lorbeerblätter
2 große Thymianzweige
Olivenöl

Pissaladière

Dieses klassische Pissaladière-Rezept stammt von Dominique Le Stanc vom Restaurant *La Mérenda* in Nizza.

1- Die Zwiebeln abziehen und in dünne Scheiben schneiden. Leicht salzen und in einen flachen Topf geben. Abgezogene und zerdrückte Knoblauchzehen, Thymianzweig, Zucker, 50 Milliliter Olivenöl und Pfeffer hinzufügen, den Topf verschließen und das Ganze etwa 1 Stunde bei sehr schwacher Hitze garen. Die Zwiebeln müssen fast zergehen, dürfen aber keine Farbe annehmen.

2- Den Brotteig zu einer runden Platte von 15 cm Durchmesser ausrollen. Eine Tortenform damit auslegen und den Teig 20 Minuten an einem warmen Ort gehen lassen. In der Zwischenzeit den Backofen auf 200 °C vorheizen (Gas Stufe 3–4, Umluft 180 °C).

3- Den Teig 10 Minuten vorbacken. Mit Sardellenpaste bestreichen und eine dicke Schicht Zwiebeln darüber verteilen. Mit Oliven und – sofern Sie keine Sardellenpaste verwendet haben – mit den Anchovisfilets belegen.

4- Das restliche Olivenöl darüber träufeln. Pissaladière ungefähr 15 Minuten im Ofen backen und anschließend einige Minuten stehen lassen.

5- Mit Pfeffer würzen. Die Pissaladière wird heiß oder lauwarm gereicht; dazu passt ein weißer Saint-Joseph aus Villars-sur-Var. Im Kühlschrank hält sich das Gericht etwa 4 Tage.

Für 6 Personen
Vorbereitung: 30 Minuten
Ruhezeit: 20 Minuten
Garzeit: 1 Stunde 25 Minuten

2 kg Zwiebeln
Salz
2 Knoblauchzehen
1 Thymianzweig
1 Prise Zucker
80 ml Olivenöl
Pfeffer
300 g Brotteig
3 EL Sardellenpaste oder
10 Anchovisfilets
80 g sehr kleine, schwarze Oliven
(aus Nizza)

Oben links

Das Haus Alziari presst seine Oliven noch mit dem alten Mühlstein der *Moulin de la Madeleine*, die vor einem Jahrhundert mitten auf dem Land errichtet wurde. Mittlerweile ist die immer weiter um sich greifende Stadt ihr schon sehr nahe gekommen.

Oben rechts

Vier Uhr morgens: Gerade hat man in einer Backstube in der Rue Droite in der Altstadt von Nizza mit der Herstellung der Pissaladières begonnen. Sie werden von Suzie alias Theresa am Cours Saleya verkauft.

Rechte Seite

Thérèse, eine Fischhändlerin am Cours Saleya im alten Nizza. Ihr Sohn, der Fischer ist, tut sich immer schwerer damit, ihr den Rohstoff für ein *pissalat* zu liefern.

sich ihre Zubereitung zur Aufgabe gemacht. Im *Mérenda*, seinem vornehmen Bistro in der Rue de la Terrasse, gehören Pissaladière und Tarte de Menton praktisch dem Wesen nach dazu und liegen ostentativ auf dem Tresen aus, wenn das Lokal öffnet.

Sardellen, Oliven, Zwiebeln: eine unumgängliche Trilogie

Und über Nizza hinaus kommt man beim Genuss dieses Gerichts mit dem gesamten Mittelmeer in Berührung. Von der *fougasse* über die provenzalische *pompe à l'huile* bis hin zur neapolitanischen Pizza werden viele Gerichte auf der Basis von Weizen zubereitet. Und in den Bäckereien wurde es schnell zur Gewohnheit, nach einem Schub Brot noch schnell ein wenig ausgerollten Teig mit Öl zu beträufeln und ihn mit dem zu belegen, was gerade im Haus war. Und das hieß im Fall von Nizza Zwiebeln, Oliven und Sardellen. Eine ganz einfache, elementare Trilogie, die aber sehr nuancenreich ist.

Gänzlich unprätentiös kommen die Zwiebeln daher, die von den benachbarten Gemüsehändlern stammen und sich wie ein roter Faden durch die gesamte Küche des Südostens ziehen. Bei den Sardellen wird die Sache schon komplizierter. Dem Anschein nach sind sie die unangefochtenen Herrscher über die Küche Nizzas. So sind sie beispielsweise die Grundlage der berühmten *anchoyade*, die Salaten einen unvergleichlichen Geschmack verleiht. Doch handelt es sich bei den Sardellen auf einer Pissaladière um ganz normale Vertreter ihrer Art? Die Etymologie dieser Pissaladière wirft weitere Komplikationen auf. Wer Pissaladière sagt, sagt auch *pissalat*, *peis salat*, *poisson au sel*, kurzum: Fisch mit Salz.

> »Sardellen gibt es nicht mehr. Und der Pissalat, der nach ganz besonderen Fischen verlangt, wird nur noch in sehr kleiner Menge hergestellt.«

Der echte *pissalat* wird mit winzigen Sardinen und jungen Sardellen gemacht, die zu klein sind, als dass man sie verkaufen könnte, und die die Fischer früher mehrere Wochen in Salz einlegten und dann durch ein Sieb strichen. »Im Grunde«, erklärt Monsieur Desrumeaux, der in den Anhöhen von Èze nach alter Manier *pissalat* und *rouille d'oursins*, eine scharfe Knoblauch-Mayonnaise aus Seeigeln, herstellt,

»handelt es sich um einen Brei aus zersetzten Fischen, die man früher auf der Pissaladière verstrich, zwischen Teig und der zwei Zentimeter dicken Zwiebelschicht.« Ein solcher *pissalat* ist heutzutage praktisch nicht mehr aufzutreiben und wird nur zur Fangsaison der Fischer in verschwindend kleiner Menge hergestellt. Die Puristen bestätigen: Für seinen *pissalat* kauft Desrumeaux die Fische in Marseille.

Das Land der Olivenbäume

Da hat die Olive mehr Glück. Sie landet auf zweierlei Wegen im traditionellen Rezept: unzerkleinert obenauf für die letzten Minuten Garzeit und in Form von Olivenöl. In beiden Fällen greift man auf die *caillette* zurück, eine kleine, ovale Olive, die man nur hier in der Gegend findet. Monsieur Piot führt das namhafte Einzelhandelsgeschäft Alziari im Herzen Nizzas und füllt sein Öl direkt aus großen Aluminiumkanistern ab. 1868 errichteten seine Vorfahren ihre hydraulisch betriebene Mühle im Vallon de la

»Die Pissaladière erzählt von Sonntagen im Strandhäuschen und von Familien-Picknicks auf den Felsen am Wasser, von einer kleinen Mahlzeit auf dem Feld und dem Aperitif unter Freunden, wo der größte Hunger schon gestillt ist, wenn man sich zu Tisch begibt.«

Madeleine. Seither arbeitet die Firma Alziari nach althergebrachter, so genannter »Genueser Technik«. Der Mühlstein, der die Oliven zermahlt, wird mit kaltem Wasser gefüllt, und das Öl muss sich nur noch von der Paste absetzen. Das Resultat erkennt man allein schon am würzigen Duft …

Nur wenige lassen einen solchen Schatz im Anschluss in die Pissaladière rinnen. Aber genau darin liegt die Stärke dieses einfachen Gerichts: Es überdauert selbst mit weniger gutem Olivenöl und mit Anchovisfilets anstelle von *pissalat*.

Alain Llorcas Pissaladière mit Meerbarben

Alain Llorca, Küchen-Chefdirigent im Hotel *Négresco* in Nizza, hat die Pissaladière für seine Kunden neu interpretiert und belegt seinen Kichererbsenmehlteig mit kleinen, in Olivenöl gebratenen Meerbarben.

Für 6 Personen
Vorbereitung: 35 Minuten
Ruhezeit: 1 Stunde
Garzeit: 40 Minuten

3 große Zwiebeln
100 ml Olivenöl
150 g Kichererbsenmehl
Olivenöl zum Frittieren
5 Zweige Basilikum
Salz, Pfeffer
12 kleine Meerbarbenfilets
60 g Sardellenpaste
30 sehr kleine, schwarze Oliven
(aus Nizza)

1- Die Zwiebeln abziehen und in dünne Scheiben schneiden; 20 Minuten bei schwacher Hitze in der Hälfte des Olivenöls sehr weich garen.
2- Unterdessen Kichererbsenmehl mit 500 Milliliter kaltem Wasser gut verrühren. Die Mischung im Mixer glatt rühren und durch ein Sieb streichen. Den Teig in eine große Kasserolle geben, 15 Minuten eindicken lassen und dabei ständig schlagen (wie Polenta).
3- Den Teig auf ein großes, mit Öl bestrichenes Backblech geben und mit einem Spachtel ungefähr 5 mm dick glatt streichen. 1 Stunde lang fest werden lassen.
4- 6 große Teigscheiben von 10 cm Durchmesser mithilfe einer Schablone ausstechen und paarweise in Frittieröl (180 °C) knusprig und goldgelb ausbacken. Den Teig herausnehmen und auf Küchenkrepp abtropfen lassen. Die langen Enden der Basilikumzweige stutzen und die Blätter in Öl ausbacken.
5- Unmittelbar vor dem Servieren die gut vorgewürzten Meerbarben im restlichen Olivenöl ausbraten. Das Frittiergut auf Tellern anrichten, über die Mitte eine feine Schicht Sardellenpaste streichen und eine zweite, dickere Schicht Zwiebeln darüber geben.
6- Mit Salz und Pfeffer würzen und die kurz gegarten Fischfilets auf die Zwiebelschicht legen. Mit ausgebackenen Basilikumblättern und Oliven garnieren. Sehr heiß mit überstreutem Pfeffer servieren.

Gefüllte Tomaten mit Sardellenpaste und Zwiebelfondue

Sardellenpaste ist vielseitig verwendbar: zum Imbiss mit Eiern oder gebratener Paprika, im Omelett und als Füllung für Tomaten und Zucchinis.

Für 6 Personen
Vorbereitung: 20 Minuten
Garzeit: 45 Minuten

6 große Tomaten
100 g Sardellenpaste
150 g sehr kleine, schwarze Oliven
(aus Nizza) oder 100 g Olivenpaste
2 Knoblauchzehen
6 Zwiebeln
50 ml Olivenöl
2 EL Thymianblüten
Salz, Pfeffer
6 EL Sherry-Essig
1 Strauß Basilikum

1- Von jeder Tomate einen »Deckel« abschneiden; nicht entstielen. Tomaten vorsichtig mit einem kleinen Löffel entkernen und gleichmäßig mit Sardellenpaste füllen.
2- Die Oliven entsteinen und klein hacken. Knoblauch und Zwiebeln abziehen und hacken. Die Hälfte des Öls in einer schweren Kasserolle mit leitfähigem Boden erhitzen. Zwiebeln und Knoblauch im heißen Öl anbraten, die Hitze reduzieren und das Gargut 25 Minuten unter ständigem Rühren sehr weich kochen.
3- Nach der halben Garzeit gehackte Oliven (oder Olivenpaste) und Thymianblüten hinzufügen. Würzen, umrühren und die Tomaten mit der Zwiebelmischung füllen.
4- Tomaten in eine feuerfeste Form aus Keramik setzen und mit dem »Deckel« verschließen. Mit dem restlichen Öl beträufeln und 20 Minuten bei 160 °C (Gas Stufe 1–2, Umluft 140 °C) im Backofen garen.
5- Die heißen Tomaten auf Portionsteller verteilen und auf Zimmertemperatur abkühlen lassen. Bratsud auffangen und mit dem Essig verrühren. Basilikumblätter waschen, halbieren und in dem Essigsud ziehen lassen. Mit etwas Basilikumessig beträufelt, munden diese Tomaten lauwarm ebenso gut wie kalt.

Südosten

Fiadone aus Korsika

Die Zitrone gedeiht vor der Haustür im milden Klima der Küstenorte, während der Brocciu aus den Bergen stammt. Dieser von den Schäfern aus Molke hergestellte Käse ist ebenso mysteriös wie der Dunst rings um den Monte Cinto. Weswegen *fiadone*, der Zitronen-Käse-Kuchen, auch für die Korsen selbst das Wesen der Insel verkörpert.

Oben
Fiadone und eingelegte korsische Mandarinen, wie man sie auf dem Bauernhof mit angeschlossenem Landgasthaus *Campu di monte* in Murato zubereitet.

Rechts
Am Cap Corse: Der Brocciu wird von Marie-Paule Cesari in die Formen gefüllt.

Cap Corse, unterhalb das Meer, ein unverbaubarer Blick auf den Maquis, der jenseits der drei Friedhofszypressen abfällt, verschlossene Häuser, die erst im Sommer wieder offen sind, wenn die Festlandexilierten auf Heimatbesuch sind. Anna Cecchi gehört zu denen, die den Winter im Dorf verbringen. So lange sie zurückdenken kann, hatte sie immer einen selbst gemachten *fiadone* im Haus, wenn in den Ferien ihre Neffen kamen. Zum Mittagessen am ersten Tag gibt es unweigerlich zunächst *figatelli* (Wildschweinleberwurst) und rohen Schinken, die sie eine Woche zuvor im Kleintransporter des Feinkosthändlers erstanden hat, alsdann einen *chapon* (die Felsdrachenkopfart, mit Kapern und Tomaten im Ofen gegart), wie man ihn nur bekommt, wenn man den Fischer am Strand unten gut kennt,

einen kräftigen Käse und zu guter Letzt ganz Korsika in einem einzigen Gang: *fiadone*.
Im August muss sie mit dem zurechtkommen, was es an Brocciu gibt, und das ist ein gewöhnlicher *brousse*, ein Frischkäse. Für einen echten Brocciu muss man im Februar oder März zur Stelle sein, wenn die Mutterschafe Milch haben.

Eier, Brocciu und Zitrone

Das Gebäck findet sich schon in italienischsprachigen Kochbüchern aus dem 16. Jahrhundert. Mit Genuss aßen es auch die Reisenden im 19. Jahrhundert. Und heutzutage gibt es nicht eine Bäckerei, die ihn nicht stückweise verkaufen würde. Den Anspruch auf die Urheberschaft des Rezeptes erheben die Einwohner von Corte, die deswegen jedoch nicht das alleinige Recht auf die Herstellung haben. An Sonn- und Feiertagen wird *fiadone* in Bastia wie in Ajaccio

»Dieser goldgelbe Kuchen, der im Grunde ganz ohne Mehl zubereitet wird, ist ein Sinnbild für Korsika. Ein Traum, der nie ausgeträumt ist.«

Fiadone

Für 6 Personen
Vorbereitung: 35 Minuten
Abtropfzeit: 12 Stunden
Garzeit: 45 Minuten

500 g frischer Brocciu (korsischer
Frischkäse)
2 unbehandelte Zitronen
Salz
6 Eier
200 g Zucker
50 g Butter

1- Den Brocciu am Vorabend in ein Küchentuch wickeln und über einer Schüssel abtropfen lassen, sodass er möglichst trocken ist.
2- Am nächsten Tag Zitronen mithilfe eines Sparschälers abschälen, die Schale klein hacken und 5 Minuten in kochendem Salzwasser garen.
3- Die Eier aufschlagen, Eigelb und Eiweiß trennen. Eigelb mit Zucker cremig schlagen, Brocciu und Zitronenschale dazugeben und alles miteinander vermengen. Backofen auf 170 °C vorheizen (Gas Stufe 2, Umluft 150 °C).
4- Eine Auflaufform mit Butter bestreichen. Eiweiß zu Eischnee steif schlagen, unter die Käsecreme heben und die Mischung in die Form geben.
5- 40 Minuten im Ofen backen. Der Käsekuchen ist gar, wenn die Oberfläche sich leicht wölbt, eine schöne goldgelbe Farbe annimmt und rissig wird. Abkühlen lassen und aus der Form nehmen. Kalt servieren.

Käseküchlein »Casanova«

Diese traditionellen Küchlein aus frischem Brocciu mit Zitrone werden auf Kastanienblättern gebacken. Sie tragen den Namen des korsischen Bäckers in Corte, der sie verkauft.

Für 6 Personen
Vorbereitung: 30 Minuten
Ruhezeit: 6 Stunden 15 Minuten
Garzeit: 20 Minuten

Für den Vorteig
50 g Hefe
100 ml Milch
1 Prise Zucker
100 g Mehl

Für den Teig
12 getrocknete Kastanienblätter
900 g Mehl
150 g Zucker
5 Eier
Schale von 2 unbehandelten Zitronen
150 ml Milch
800 g frischer Brocciu (korsischer
Frischkäse)

1- Am Vorabend die Kastanienblätter 30 Minuten in lauwarmem Wasser einweichen.
2- Am nächsten Tag den Vorteig zubereiten: Hefe in eine große Schüssel geben und mit lauwarmer Milch verrühren. Zucker und Mehl hinzugeben, aber nicht mischen. Mit einem Küchentuch bedecken und 1 Stunde an einem warmen Ort gehen lassen.
3- Für den Teig Mehl und Zucker in einer Schüssel vermengen. In die Mitte eine Mulde drücken und die Eier hineinschlagen. Die geriebene Schale beider Zitronen hinzufügen, nach und nach die Milch zugeben. Den Teig durchkneten und mit Brocciu und dem Vorteig vermengen. Teigmasse zu einer Kugel formen, in die Schüssel legen und unter einem Küchentuch 5 Stunden an einem warmen Ort gehen lassen.
4- Den aufgegangenen Teig mit den Fingerspitzen abflachen. Eine Arbeitsfläche mit Mehl bestäuben und den Teig 1,5 cm dick ausrollen. 12 Teigscheiben von 5 cm Durchmesser ausstechen und jeden Fladen auf ein Kastanienblatt legen.
5- 15 Minuten ruhen lassen. Backofen auf 180 °C vorheizen (Gas Stufe 2–3, Umluft 160 °C). Käseküchlein 20 Minuten backen. Die *migliacci* sind gar, wenn sie außen goldgelb und innen noch sehr weich und saftig sind. Vorsichtig aus der Röhre herausnehmen und vor dem Servieren abkühlen lassen.

zubereitet, in der Stadt wie in den Bergen. Zumindest in dieser Hinsicht sind die auf Korsika herrschenden traditionellen Gegensätze aufgehoben: Bergauf, bergab, im Norden wie im Süden identifiziert sich die ganze Insel mit ihrem *fiadone*.

Hier und da sind lediglich ein paar Varianten festzustellen. In Ajaccio landet der Belag auf einem Blätterteig, während man die Mischung im Norden lediglich in eine mit Butter ausgefettete und mit Mehl bestäubte Auflaufform füllt. Bisweilen kommt es auch zu Verwechslungen mit nahen Verwandten wie beispielsweise der *imbrucciata*, einem Törtchen, bei dem zum Binden auch ein wenig Mehl gestattet ist, und in manchen Dörfern sogar mit der *falcullela*, einem auf Kastanienblättern gebackenen Brocciu-Küchlein. Die Grundlage aber bleibt stets dieselbe: Eier, Brocciu und Zitronenschale für den Geschmack. In dieser Einfachheit liegt auch etwas Symbolhaftes.

Juwel einer schroffen, kargen Gegend

Ziegen und Schafe waren hier lange Zeit die einzigen Reichtümer. Und die wohlhabendsten Bauern waren noch vor einem knappen Jahrhundert diejenigen, die im Besitz von ein paar Hektar Land am Meer waren, wo die Herden überwintern konnten, vor allem aber von hoch gelegenen Weiden für die warme Jahreszeit. Der Weidewechsel ist ein Kennzeichen für

ganz Korsika. Dieses System geht allmählich verloren, die Herden sind sesshaft geworden. Der Maquis reicht bis an die Hausmauern heran, die ehemaligen Weizenterrassen sind von Gestrüpp überwuchert, die

> »Mit Brocciu zu kochen und ihn mit der Gabel zu zerbröseln, ist für einen Korsen der Urbeginn allen Seins.«

Gemüsegärten verwildert. Ziegen und Schafe aber, die eigenartigen, unmerklich sich fortbewegenden Herden, die man hinter einer Kurve stehen sieht, wo keine Menschenseele ist, sie bleiben.

Die rätselhafte Alchemie

Die Schäfer auf Korsika stellen zigdutzend verschiedene Käsesorten her. Niolo, Calenzana, trockenen oder frischen Tomme … Der seit 1983 mit einer AOC-Kennung geschützte Brocciu entsteht aus

Überresten aus der Herstellung aller möglicher Käsesorten, gleich ob aus Schafs- oder Ziegenmilch. Man kann sogar beide mischen. Nach dieser Rezeptur arbeitet man in A Filetta, einer kleinen Käserei im Norden Korsikas, die mit Erfolg die Herstellung eines halb-handgemachten Brocciu betreibt, der in den meisten großen Supermärkten der Insel auch den Sommer über verkauft wird.

Zunächst lässt man die Milch unter Zugabe von Lab gerinnen. Der so entstandene Bruch wird in Formen gefüllt und gepresst, wobei jedes Mal Molke anfällt. Im Halbdunkel des Schafstalls wird diese frische Lösung in einen verzinnten Kupferkessel, *u pagholu*, gefüllt und über einem Holzfeuer erhitzt. Dann gibt man eine bestimmte Menge frische Milch zu (in der Regel nicht mehr als 35 Prozent), die sich unter dem doppelten Einfluss von Lösung und Hitze schon bald zu einem instabilen Block formt. Dieser dreht sich kurz vor dem Siedepunkt wankend um sich selbst: höchste Zeit, ihn mit einem Schöpflöffel herauszuheben, in Formen zu schichten – früher waren sie aus Binse geflochten – und ein bis zwei Tage abtropfen zu lassen. Daraus entsteht der echte Brocciu der dem *fiadone* seine goldgelbe Farbe verleiht.

Man darf davon ausgehen, dass die Schäfer, die dieses Gebäck an Festtagen in der Abgeschiedenheit ihrer Schafställe zubereiteten, noch ein gehöriges Glas voll Schnaps zugossen, als Teil der Alltagskost. Diese Zubereitung findet auch immer noch ihre Verfechter. In der volkstümlichen Variante gibt man allerdings Zitronenschale hinzu. Dieses Detail ist nicht ganz unwichtig, denn die schöne, grellgelbe korsische Zitrone, deren Anbau schon im 18. Jahrhundert betrieben wurde, wie Handelsdokumente belegen, mag sich zwar eine dickere Schale zugelegt haben, um sich den, verglichen mit Spanien oder Nordafrika, ungleich strengeren Wintern anzupassen. Dennoch gedeiht sie nur im Küstengebiet und auf dem flachen Land. Sie erinnert, wie Zedratzitrone und Pomeranze auch, an lichte Weihnachten und gold schimmernde Gärten. Die Zitrone kommt vom Meer, der Brocciu aus den Bergen: Als Sinnbild der Insel hat der *fiadone* wahrlich, was er braucht.

Oben

Die Herden der Grimaldis weiden auf den maquisbewachsenen Hügeln rings um Rogliano am Cap Corse.

Clementinensoufflé mit Brocciu

Eine originelle Zubereitungsvariante für *fiadone*, dem Käsekuchen mit Zitronenschalen.

Für 6 Personen
Vorbereitung: 30 Minuten
Garzeit: 50 Minuten

8 große korsische Clementinen
Salz
2 Eier
80 g Zucker
200 g frischer Brocciu (korsischer
Frischkäse)
10 g Butter
30 ml Mandarinenlikör
(Mandarine Impériale)

1- Die Clementinen waschen, von 6 jeweils den »Deckel« abschneiden. Die Früchte mit einem Teelöffel aushöhlen, das Fruchtfleisch und die Häutchen auf einem Teller beiseite stellen. Die 2 restlichen Clementinen mit dem Sparschäler abschälen, die Schalen hacken und 5 Minuten in kochendem Salzwasser garen.

2- Die Eier aufschlagen, Eigelb und Eiweiß trennen. Eigelb mit Zucker cremig schlagen, Brocciu und Clementinenschalen hinzugeben. Nochmals vermengen. Den Backofen auf 170 °C vorheizen (Gas Stufe 2, Umluft 150 °C).

3- Fruchtfleisch und Häutchen der Clementinen mit Butter und Mandarinenlikör in eine kleine Kasserolle geben und 5 Minuten kochen. Abkühlen lassen und zur Käsemasse geben. Eiweiß zu Eischnee steif schlagen und unter die Käsemasse heben.

4- Clementinen mit der Käsemasse füllen, in eine Auflaufform setzen und 40 Minuten backen. Die Käsemasse ist gar, wenn sie eine goldgelbe Farbe annimmt und an der Oberfläche aufreißt. Die Clementinen abkühlen lassen. Noch warm oder kalt servieren.

Südosten

Korsika

Kastanienpolenta

Für 6 Personen
Vorbereitung: 10 Minuten
Garzeit: 40 Minuten

1 kg Kastanienmehl
Salz, Pfeffer
2 *figatelli* (korsische
Würstchen aus
Wildschweineleber)
50 g Butter
300 g frischer Brocciu
(korsicher Frischkäse)

1- 100 Milliliter gesalzenes Wasser zum Kochen bringen und unter Rühren mit einem Holzlöffel Kastanienmehl und Pfeffer dazugeben.
2- Etwa 20 Minuten weiterrühren, dabei den Topf von Zeit zu Zeit vom Herd nehmen, damit die Polenta nicht ansetzt. Sie ist gar, wenn sie sich kugelförmig rings um den Holzlöffel legt.
3- Ein Küchentuch mit Kastanienmehl bestäuben und die Polentakugel in die Mitte legen. Leicht abkühlen lassen. Währenddessen die in dicke Stücke geschnittene und gewürzte Wurst 20 Minuten in der heißen Butter anbraten.
4- Polenta mit einem Stück Faden in gleichmäßige Scheiben zerteilen und mit *figatelli* und frischem Brocciu in tiefen Tellern servieren.

Gefüllte Sardinen

Für 6 Personen
Vorbereitung: 1 Stunde
Garzeit: 25 Minuten

24 Sardinen gleicher Größe
200 g Mangoldgrün
mehrere Stängel glatte
Petersilie
2 Knoblauchzehen
200 g frischer Brocciu
1 Ei
Salz, Pfeffer
50 ml Olivenöl

1- Die Sardinen abschuppen und den Kopf so abtrennen, dass die Eingeweide gleich mit entfernt werden. Rückengräte entfernen. Die Filets bleiben miteinander verbunden (in Form eines Schmetterlings). Unter kaltem Wasser abwaschen und mit Küchenpapier trockentupfen.
2- Das Mangoldgrün waschen, 5 Minuten in einen Topf mit kochendem Salzwasser geben. Abgießen, abschrecken und in einem Tuch ausdrücken, sodass möglichst viel Flüssigkeit entweicht. Die Petersilie waschen, trockentupfen und Stängel entfernen. Knoblauch abziehen und zerdrücken. Mangold, Knoblauch und Petersilie in einer Küchenmaschine zerkleinern. Mischung in einer Schüssel mit dem Brocciu vermengen, das Ei hinzugeben und verrühren. Mit Salz und Pfeffer würzen.

3- Backofen auf 210 °C vorheizen (Gas Stufe 4, Umluft 180 °C). Innenseite der Sardinen jeweils am äußeren Rand der »Schmetterlingsflügel« mit der Füllung bestreichen, einrollen und mit kleinen Holzspießen fest stecken.
4- Sardinen in eine große Form geben, mit Olivenöl beträufeln, abschmecken und 20 Minuten in den Ofen stellen. Nach dem Garen Holzspieße entfernen und den gefüllten Fisch sehr heiß servieren. Dazu passen ein grüner Salat mit frischen Kräutern (Basilikum, Estragon) sowie Croûtons, auf denen man eine Tomate verreibt und die mit Olivenöl beträufelt werden.

Provence

Schmorfleisch

Für 6 Personen
Vorbereitung: 1 Stunde
Garzeit: etwa 3 Stunden

2 Stück Rinderschmorfleisch
à 500 g
200 g Speck zum Bardieren
2 Tomaten
4 Knoblauchzehen
150 ml Olivenöl
1 *bouquet garni*
(siehe S. 14)
50 g Mehl
2 TL Tomatenmark
1,5 l provenzalischer
Rotwein
grobes Salz, Pfefferkörner

1 unbehandelte Mandarine
300 g Perlzwiebeln
(*oignons grelots*)
30 g Butter
1 TL feiner Kristallzucker
100 g geräucherter
Bauchspeck
Salz, Pfeffer
1 EL gehackte Petersilie

1- Das Rindfleisch mit Speck bardieren. Tomaten waschen und grob würfeln, Knoblauch in der Schale zerdrücken. 100 Milliliter Olivenöl in einem großen gusseisernen Schmortopf erhitzen, Fleisch im dampfenden Öl anbraten, bis es Farbe annimmt. Hitze reduzieren, Tomaten, *bouquet garni* und Knoblauch dazugeben. Einige Minuten garen und unter Rühren das Mehl einstreuen.
2- Tomatenmark mit Wein vermischen und Fleisch mit dem Gemisch ablöschen. 250 Milliliter Wasser zugeben. Eine kleine Hand voll grobes Salz und ein paar Pfefferkörner hinzufügen, umrühren und 5 Minuten kochen. Den aufsteigenden Schaum abschöpfen, die Hitze reduzieren und 3 Stunden bei schwacher Hitze kochen lassen.
3- Die Mandarine mit einem Sparschäler schälen und die Schale in den Schmortopf geben. Die Zwiebeln abziehen. In einem kleinen Topf mit der Butter, dem Zucker und 250 Milliliter Wasser aufkochen und karamellisieren. Die gebräunten

Zwiebeln in einem Teller beiseite stellen.
4- Den Bauchspeck in grobe Würfel schneiden, mit 50 Milliliter Olivenöl stark anbraten und mit den Zwiebeln mischen. Wenn das *bœuf en daube* gar ist und zergeht, Zwiebeln und Bauchspeck mit ihrem Kochsaft in den Schmortopf geben. Erneut einige Minuten kochen lassen, mit Salz und Pfeffer abschmecken, die Petersilie darüber streuen und kochend heiß mit Gnocchi servieren.

Marzipanschnittchen aus Aix

Für 20 Stück
Vorbereitung: 40 Minuten
Garzeit: 6 Minuten

Für den Teig
300 g feiner Kristallzucker
300 g gemahlene Mandeln
50 g kandierte Orangenschalen
3 EL Aprikosenmarmelade
1 TL Vanilleessenz
2 EL Kartoffelstärke

Für den Überzug
1 Eiweiß
100 g Puderzucker

1- Für den Überzug Eiweiß und Puderzucker kräftig schlagen, bis man eine weißliche Masse erhält. Mit Folie abdecken.
2- In einer Küchenmaschine Zucker, Mandeln, zerhackte Orangenschale

und Aprikosenmarmelade vermengen, Vanille zugeben und zu einer homogenen Masse verrühren.

3- Den Teig in einem kleinen Topf trocknen, indem man ihn bei schwacher Hitze 3 Minuten mit einem Holzlöffel rührt.

4- Den Teig auf einer kühlen, mit Kartoffelstärke bestreuten Arbeitsfläche 8 mm dick ausrollen und abkühlen lassen. Backofen auf 170 °C vorheizen (Gas Stufe 2, Umluft 150 °C).

5- Den Überzug auf der Teigoberfläche verteilen. Den Teig mit einem großen Messer in Streifen schneiden und diese in Rauten zerteilen (dabei die Klinge immer wieder in heißes Wasser tauchen). Die *calissons d'Aix* auf ein mit Backpapier ausgelegtes Backblech legen und 3 Minuten im Ofen backen. Auf dem Blech abkühlen lassen.

Anstelle der Aprikosenmarmelade kann man auch kandierte Melone verwenden, und statt der Kartoffelstärke Oblaten, wie in Aix üblich.

Aïoli mit Stockfisch

Für 6 Personen
Vorbereitung: 20 Minuten
Wässern: 24 Stunden
Garzeit: 1 Stunde 15 Minuten

Für das Aïoli
10 Knoblauchzehen
1 Eigelb
Salz, Pfeffer
100 ml Olivenöl

Für die Beilage
1 kg gesalzener Stockfisch (Klippfisch)
4 Möhren
4 weiße Rüben
8 Kartoffeln
3 Stangen Lauch
grobes Salz, Pfeffer
500 ml Fischfond

1- Am Vortag den Stockfisch 24 Stunden in klarem Wasser wässern. Dabei das Wasser mehrmals erneuern.

2- Am Kochtag Möhren, Rüben und Kartoffeln schälen und waschen. Den Lauch quer halbieren und unter fließendem Wasser waschen. Das Gemüse in einen Topf geben, mit dem Fischfond und mit 500 Milliliter Wasser bedecken. Mit einer Hand voll grobem Salz und mit Pfeffer würzen und 45 Minuten bei schwacher Hitze garen.

3- Währenddessen für das Aïoli Knoblauch abziehen, halbieren und den Keim entfernen. In einem Mörser fein zerstoßen und das Eigelb hinzugeben. Mit wenig Salz und Pfeffer würzen.

4- Das Olivenöl tröpfchenweise zugeben und wie für eine Mayonnaise einarbeiten. Das Aïoli ist fertig, wenn es fest und cremig wird.

5- Den Stockfisch unzerteilt in die Gemüsebrühe geben und 30 Minuten bei schwacher Hitze garen.

6- Unmittelbar vor dem Auftragen Gemüse und Fisch abtropfen lassen und auf einer großen Servierplatte anrichten. Aïoli im Mörser dazu servieren.

Provenzalisches Gratin

Für 6 Personen
Vorbereitung: 45 Minuten
Garzeit: 40 Minuten

6 kleine Zucchini
6 Tomaten
2 Schalotten
3 Knoblauchzehen
1 kleines Bund Petersilie
150 ml Olivenöl
1 Zweig Thymian
2 Lorbeerblätter
1 Zweig Bohnenkraut
Salz, Pfeffer
100 g geriebener Käse

1- Die Zucchini und Tomaten waschen und in 5 mm dicke Scheiben schneiden. Die Schalotten abziehen und hacken, Knoblauch abziehen und zerdrücken. Petersilie waschen, trockentupfen und hacken. Backofen auf 210 °C vorheizen (Gas Stufe 4, Umluft 180 °C).

2- Eine feuerfeste Form mit der Hälfte des Olivenöls ausfetten. Abwechselnd mit einer Schicht Zucchini beziehungsweise Tomaten auslegen, die sich zur Hälfte überlappen, und über jede Schicht Schalotten, Petersilie und Knoblauch verteilen.

3- Thymian, Lorbeer und Bohnenkraut unter das Gemüse geben. Mit Salz und Pfeffer würzen, den geriebenen Käse darüber streuen und mit dem restlichen Olivenöl beträufeln. Das *tian provençale* 40 Minuten im Ofen backen.

4- Sehr heiß in der Form auftragen. Als Beilage eignet sich hervorragend auf Landbrot gratinierter Ziegenkäse.

Gefüllte Tomaten, Zwiebeln und Zucchini

Für 8 Personen
Vorbereitung: 1 Stunde
Garzeit: 55 Minuten

2 Knoblauchzehen
8 kleine Tomaten
8 kleine runde Zucchini
8 kleine Zwiebeln
300 g gekochter Schinken
100 g Geflügellebern
ein paar Stängel Petersilie
100 g altbackenes Brot
100 ml Milch
2 Schalotten
150 ml Olivenöl
150 g Fleischbrät
1 Ei
Salz, Pfeffer
2 EL Semmelbrösel

1- Knoblauch abziehen. Die Tomaten waschen und von jeder den Deckel abheben. Zucchini und Zwiebeln 3 Minuten in kochendes Salzwasser tauchen. Abschrecken und mit der Spitze eines Messers aushöhlen. Das Fruchtfleisch zusammen mit Schinken, Geflügellebern, Knoblauch und Petersilie in einer Küchenmaschine zerkleinern.

2- Die Tomaten mit einem kleinen Löffel aushöhlen. Die Kerne entfernen und das Fruchtfleisch beiseite stellen. Die Innenseite von Zwiebeln, Zucchini und Tomaten salzen und pfeffern. Das Brot in Milch einweichen.

3- Die abgezogenen und gehackten Schalotten bei schwacher Hitze in der Hälfte des Olivenöls anbraten. Das Fleischbrät hinzugeben, einige Minuten unter Rühren leicht bräunen. Das ausgedrückte Brot, die Schinkenmischung, das Tomatenfruchtfleisch und Ei hinzugeben. Mit Salz und Pfeffer würzen und vermischen.

4- Backofen auf 180 °C vorheizen (Gas Stufe 2–3, Umluft 160 °C). Zucchini, Tomaten und Zwiebeln mit der Mischung füllen, mit Semmelbröseln bestreuen und mit dem restlichen Öl beträufeln. Die *petits farcis* 45 Minuten im Ofen backen und warm oder kalt servieren.

Es war der dem Atlantik zugekehrte Südwesten, wo, aus Amerika kommend, der Mais Einzug hielt,
der dem Geflügel einen so unvergleichlichen Geschmack verleiht. Ihm verdanken sich die
unzähligen, in Gänseschmalz geschmorten Confits, gefüllten Hühner im Topf und Cassoulets.

Es war der dem Atlantik zugekehrte Südwesten, wo, aus Amerika kommend, der Mais Einzug hielt,
der dem Geflügel einen so unvergleichlichen Geschmack verleiht. Ihm verdanken sich die
unzähligen, in Gänseschmalz geschmorten Confits, gefüllten Hühner im Topf und Cassoulets.

Südwesten

Südwesten

Cassoulet in Castelnaudary

Castelnaudary versteht sich als die Cassoulet-Metropole schlechthin, auch wenn man dort selbst zugibt, dass sich die Sache komplizierter verhält. Denn eigentlich bilden Toulouse, Castelnaudary und Carcassonne eine veritable Dreieinigkeit, wie es so schön heißt, um zu verdeutlichen, dass die Umwandlung der Bohne, die dieses anspruchslose Gemüse noch schmackhafter macht als das dazu servierte Fleisch, auf göttliche Anordnung erfolgt.

Oben und rechts
Die *cassole*, eine konisch geformte Tonschüssel, ist unverzichtbar, damit die Bohnen im Ofen nach und nach das Aroma der Würste und des eingemachten Fleisches annehmen. Unter Köchen gilt: Je älter die *cassole*, desto besser das Cassoulet.

Die Formel stammt von Prosper Montagné, dem Urheber des *Larousse gastronomique*: »Das Cassoulet ist der Gott der provenzalischen Küche; Gottvater ist das Cassoulet von Castelnaudary, Gottessohn das von Carcassonne und der Heilige Geist das von Toulouse.« Das besagt alles oder doch fast alles. Von den »Bohnen mit Hammel« der Araber inspiriert, scheint das Rezept in der Tat seit dem 14. Jahrhundert in Castelnaudary nachweisbar zu sein. Was die Variationen des Cassoulet betrifft, so gehen sie in Wahrheit über diese Trilogie hinaus und weisen von Dorf zu Dorf, ja, sogar je nach Haushalt feine Unterschiede auf. Hier mit Hammel, dort mit Rebhuhn, oder mit etwas ranzigem Speck. Auch über die zu verwendende Bohnensorte sind die Ansichten geteilt: *tarbais* im Westen, *pamiers* in Pamiers, *lingot* in Castelnaudary. Die Chauriens (die Bewohner von Castelnaudary) jedenfalls haben ein offizielles Rezept festgeschrieben und nehmen die Rolle, auf die sie das Glaubensbekenntnis Montagnés einschwört, sehr ernst.

Vom Rugby zum Cassoulet

Castelnaudary lebt vom Cassoulet. Auf den Straßen überbieten sich Restaurants und Metzgereien: Hier ist das Cassoulet königlich, dort kaiserlich oder authentisch, traditionell und nach überliefertem Rezept, stets aber vollendet.

> »In Castelnaudary schaut selbst ein Wasserschloss wie eine riesige Cassole aus, die konisch geformte Tonschüssel, ohne die ein Cassoulet kein Cassoulet ist.«

Zu Beginn des 19. Jahrhunderts war Bouissou, dessen prächtiges Firmenschild noch immer der Stolz der Stadt ist, der Erste, der seine Cassoulets an Touristen verkaufte. Der große Wandel jedoch setzte um 1970 ein. Seither haben sich fünf Konservenfabrikanten vor den Toren der Stadt niedergelassen. Entenconfits kommen zuweilen aus weit entlegenen Teilen Europas und die Bohnen häufig aus Argentinien, aber wie auch immer: Dieses Gericht, das allzu lange in sterilen Konservendosen umhergezogen ist, hat eine Heimat gefunden. Und seither wird das nach Castelnaudary benannte Cassoulet auch ebendort hergestellt.

Das Älteste trägt den hübschen Namen »Die schöne Chaurienne«, am bekanntesten jedoch ist das von Laurent Spanghero, Sohn eines Landwirts und

Cassoulet

Die Bohnen eines Cassoulet werden stets gleich zubereitet, lediglich beim Fleisch gibt es regionale Unterschiede. So verwendet man in Castelnaudary viel Schweinefleisch (Rücken, Schinken, Hachse, Würste, frische Schwarte), aber auch Gänse- oder Entenconfit. In Carcassonne gibt man Lammkeule hinzu, in der Jagdzeit auch schon einmal ein Rebhuhn. In Toulouse wiederum wird Cassoulet mit Schweinebauch, Toulouser Würstchen, Lamm und Confit zubereitet. Diese Version findet sich hier in Abwandlung eines Rezeptes von Prosper Montagné.

Für mindestens 10 Personen
Vorbereitung: 1 Stunde
Einweichzeit: 2 Stunden
Garzeit: 5 Stunden

Zum Garen der Bohnen
1 kg weiße Bohnen
1 *bouquet garni* (siehe S. 14)
3 Knoblauchzehen
1 Zwiebel
1 Gewürznelke
1 Möhre
300 g Schweinebauch
200 g frische Schwarte

Zum Garen des Cassoulet
3 Zwiebeln
3 Knoblauchzehen
5 Tomaten
100 g Gänseschmalz
650 g Schweinehals
600 g entbeinte und in Stücke geschnittene Lammschulter
Salz, Pfeffer
500 ml Rinderbrühe
1 *bouquet garni*
400 g Knoblauchwurst
6 Stücke Gänse- oder Entenconfit
400 g Toulouser Würstchen (Würste aus Schweinefleisch)
100 g Semmelbrösel

1- Die Bohnen und das *bouquet garni* 2 Stunden in kaltem Wasser einweichen. Knoblauch abziehen und zerdrücken, die Zwiebel abziehen und mit der Gewürznelke spicken, die Möhre schälen. Die Bohnen bei schwacher Hitze 2 Stunden im Einweichwasser mit *bouquet garni*, Gemüse, Schweinebauch und Schwarte kochen.

2- Inzwischen die übrigen Zwiebeln abziehen und in dünne Scheiben schneiden, Knoblauch abziehen und zerdrücken, die Tomaten waschen, entkernen und in Stücke schneiden. 40 Minuten vor Ende der Garzeit der Bohnen Gänseschmalz in einem Topf erhitzen und Schweinehals und Lammfleisch darin anbraten. Mit Salz und Pfeffer würzen und goldbraun braten. Zwiebeln, Knoblauch und Tomaten hinzugeben. Mit der Brühe ablöschen, das *bouquet garni* hinzufügen und bei schwacher Hitze 30 Minuten kochen.

3- Das Kochgemüse der Bohnen entfernen, 100 Milliliter Kochsaft entnehmen, Schweine- und Lammfleisch mit dem Sud sowie Knoblauchwurst, Confit und Würstchen hinzugeben und bei schwacher Hitze 1 Stunde kochen.

4- Das Fleisch auf eine große Servierplatte geben. Würste in Scheiben, Lamm und Schweinefleisch in gleich große Stücke schneiden, die Stücke vom Confit halbieren. Den Schweinebauch getrennt auf einen Teller legen.

5- Backofen auf 170 °C vorheizen (Gas Stufe 2, Umluft 150 °C). Den Boden einer großen glasierten, irdenen Cassoulet-Form oder einer großen feuerfesten Terrine mit den Schwarten auskleiden. Darauf abwechselnd Bohnen und Fleisch schichten, jede Schicht mit wenig Pfeffer würzen und zuoberst eine Schicht Bohnen geben. Den in Scheiben geschnittenen Schweinebauch darüber verteilen und mit etwas Kochsaft übergießen. 50 Gramm Semmelbrösel darüber streuen und das Cassoulet 1 Stunde im Ofen garen.

6- Wenn sich eine schöne Kruste gebildet hat, diese mit einem Löffel zerdrücken. Die restlichen Semmelbrösel über das Cassoulet streuen und die Form erneut 1 Stunde in den Ofen stellen. Dieser Vorgang kann mehrmals wiederholt werden.

Aufgewärmt schmeckt Cassoulet noch bessser. Es sollte deshalb am Vortag gekocht werden. Vor dem Essen wird dann 1 Schöpflöffel Brühe in die Form gegeben, das Cassoulet mit Semmelbrösel bestreut und 40 Minuten bei 170 °C gebacken. Wenn sich erneut eine goldgelbe Kruste gebildet hat, ist das Cassoulet servierbereit.

Bruder des berühmten Rugby-Spielers Walter Spanghero. Ausschlaggebend für diesen Erfolg ist zweifellos das entsprechende Know-how, aber auch ein Name, der sich in Ovalie ausgezeichnet hat.

Den Beweis, wie eng Cassoulet und Rugby miteinander verknüpft sind, findet man jeden Sonntagabend in Noé, etwa fünfzig Kilometer von Toulouse entfernt. Bei *Alex* verfiel der Patron auf die Idee, sein Cassoulet den Mannschaften anzubieten, die zu einem Match in die Region kamen. Die Wände der Kneipe sind mit Trikots von Spielern aus aller Welt dekoriert, im Fernsehen laufen denkwürdige Matchs und die Gerichte werden auf den Tresen gestellt. Hier schert sich niemand um die eisernen Vorschrif-

> »Wie Laurent Spanghero mit seinem so unnachahmlich gerollten ›r‹ sagt – Cassoulet und Rugby passen gut zusammen.«

ten, wie sie in Castelnaudary gelten. Dieses Ragout aus Tarbais-Bohnen wird niemals in einem Backrohr gratiniert, es erhält seine rote Farbe durch die Zugabe von Tomaten und spottet der Bezeichnung »Cassoulet«. Es will höchstens noch als *mongetada* gelten, wie man dazu im Ardèche-Gebirge sagt.

Ihre Majestät die Bohne

Jenseits lokaler Streitigkeiten kann sich das Cassoulet rühmen, wie der Canal du Midi die Verbindung zwischen dem Golf von Gascogne und dem Golf von Lyon, zwischen den Pyrenäen, den Corbières und dem Zentralmassiv zu sein. Ein einfaches Gericht, das man mit Gleichgesinnten teilt. Eine wahrhafte Kultur also, die allerdings offen für Einflüsse von außen ist. Vincent Pousson, Autor zahlreicher Abhandlungen über Gaumengenüsse (*Cassoulets, haricots, mongets et Cie*, Éditions Loubatières), beschreibt sie folgendermaßen: »Der Bohne und ihren Vorläufern haftet nichts Verkrampftes an. Und das Cassoulet ist ein Nachfahre von Einwanderern, der lange Zeit in die äußerste Ecke unserer Gastronomie gedrängt wurde. Weil es aber Eingang in eine starke Kultur gefunden hat, die es durchaus verarbeiten konnte, ist es zu einem Teil von uns geworden, oder besser gesagt: Wir sind ein Teil von ihm.« Denn mögen sich die Chauriens auch auf das Mittelalter berufen – das Cassoulet, wie sie es in Ehren hal-

ten, hat es vor dem 16. Jahrhundert, der Epoche, in der die Bohne aus Südamerika auf unserem Kontinent Einzug hielt, nicht gegeben. Der Legende nach soll diese Hülsenfrucht Frankreich sogar zugunsten Italiens zunächst geschmäht haben und erst durch Katharina von Medici, der Gemahlin des zukünftigen Königs Heinrich II. und späteren Erbin der Grafschaft Lauragais, den Weg nach Frankreich gefunden haben. Der Anbau von Tarbais-Bohnen am Fuße der Pyrenäen zeugt noch von diesen exotischen Ursprüngen. Dort lassen die Bauern die Bohne an ihrem Landsmann, dem Mais, emporranken. Eine von den Indios übernommene Methode, zu der, um das Maß voll zu machen, auch gehörte, auf demselben Feld am Boden entlang zusätzlich Kürbisse in der Sonne reifen zu lassen.

Zurück zur alten Tradition

Was aber aß man in Castelnaudary und anderswo, als Bohnen noch unbekannt waren? Vermutlich Cassoulets aus Saubohnen, denn die wurden seit Urzeiten angebaut. Das Rezept war zu gut, um in der Versenkung zu verharren: In Toulouse, auf der Place du Capitole, hat es Dominique Toulousy, einer der großen Küchenchefs der Stadt, nur allzu gern wieder hervorgeholt.

Etwa zehn Kilometer von Castelnaudary entfernt, in dem Dorf Labastide d'Anjou, bereitet Étienne für sich selbst so etwas wie die Synthese aller Cassoulets des Südwestens zu. Zu den sechzig Jahren Küchenerfahrung, auf die er zurückblickt, gehört auch seine Erinnerung an die Zeit, da man in jedem Dorf sein Cassoulet für den Sonntag zum Bäcker trug, um es in dessen Ofen schmoren zu lassen, wo es sich ganz nebenbei noch mit dem Aroma von Stechginster und Wacholder vollsog. In seinem Restaurant, einer Art Museum für Feinschmecker, hat Étienne das Wichtigste aufbewahrt. Die *cassoles*, die aus dem benachbarten Dorf stammen, sind aus dem roten Ton von Issel gefertigt und Stück für Stück Handarbeit. Vor allem achtet er genau auf die Zeit, die kostbarste Zutat. Sieben Stunden Schmoren, keine Stunde mehr, keine weniger, und dreimaliger Gang zum Ofen, um die Kruste zu zerteilen, damit sich ganz allmählich die Umwandlung der Bohne vollzieht. Die ganze Kunst besteht eigentlich darin, diese bescheidene Zutat zum Schluss »schmackhafter als das Fleisch« werden zu lassen.

Linke Seite
Trotz seiner weit mehr als siebzig Jahre ist Étienne Rousselot nicht vom Herd wegzubekommen. In seiner Auberge in Labastide d'Anjou ist die Vorbereitung des Cassoulet ein tägliches Ritual. Sieben Stunden Garzeit, die magische Zahl.

Oben, links und rechts
Bohnen, Wurst aus Toulouse, Schwarte, Confit: einige der Bestandteile des Cassoulet. Étienne (der noch ranzigen Speck und Schweinehachse hinzufügt) erklärt nachdrücklich: »All dies macht nicht dick. Im Gegenteil, es bewahrt die Linie, weil es dazu beiträgt, Cholesterin zu verbrennen ...«

Cassoulet mit Saubohnen nach Dominique Toulousy

Für 6 Personen
Vorbereitung: 1 Stunde
Garzeit: 4 Stunden

1 kg Saubohnen (auch tiefgefroren)
2 Zwiebeln
3 Knoblauchzehen
4 Tomaten
100 g Gänseschmalz
400 g in Stücke geschnittener
Schweinehals
Salz, Pfeffer
1 l Hühnerbrühe
300 g Knoblauchwurst
1 *bouquet garni* (siehe S. 14)
4 Stücke Gänseconfit
300 g Toulouser Würstchen (Würste
aus Schweinefleisch)
100 g Schwarte
100 g Semmelbrösel

1- Die Bohnen 3 Minuten in kochendes Wasser tauchen, abgießen und abschrecken. Die Schale abziehen und die Bohnen kühl stellen. Die Zwiebeln abziehen und in dünne Scheiben schneiden, Knoblauch abziehen und zerdrücken, die Tomaten waschen, entkernen und würfeln. Gänseschmalz in einem Topf erhitzen und Schweinehals darin anbraten. Mit Salz und Pfeffer würzen und goldbraun braten. Das Gemüse dazugeben, mit Brühe ablöschen und 2 Stunden bei schwacher Hitze garen.

2- Knoblauchwurst, *bouquet garni*, Confit und Toulouser Würstchen hinzugeben und weitere 30 Minuten bei schwacher Hitze garen.

3- Backofen auf 170 °C vorheizen (Gas Stufe 2, Umluft 150 °C). Würstchen in Scheiben und Schweinefleisch in kleine Stücke schneiden, die Stücke vom Confit halbieren. Den Boden einer großen Form mit den Schwarten auskleiden. Darauf abwechselnd Bohnen und Fleisch schichten, jede Schicht mit wenig Pfeffer würzen und zuoberst eine Schicht Bohnen geben. Mit etwas Kochsaft übergießen, mit der Hälfte der Semmelbrösel bestreuen und das Cassoulet 1 Stunde in den Ofen stellen.

4- Wenn sich eine schöne Kruste gebildet hat, diese mit einem Löffel zerdrücken. Die restlichen Semmelbrösel über das *cassoulet aux fères* streuen und die Form erneut 30 Minuten in den Ofen stellen. Sehr heiß servieren.

Hummer-Cassoulet mit Estragon

Für 6 Personen
Vorbereitung: 30 Minuten
Einweichzeit: 2 Stunden
Garzeit: 2 Stunden 15 Minuten

Zum Garen der Bohnen
500 g weiße Bohnen
2 Knoblauchzehen
1 Zwiebel
1 Gewürznelke
1 Möhre
1 *bouquet garni* (siehe S. 14)

Zum Garen des Hummers
2 große lebende Hummer aus der
Bretagne
50 g leicht gesalzene Butter
50 ml Pflanzenöl
50 ml Weißwein
1 TL Tomatenmark
Salz, Pfeffer
500 g Crème fraîche
3 Zweige Estragon
50 g Semmelbrösel

1- Die Bohnen 2 Stunden in kaltem Wasser einweichen. Knoblauch in der Schale zerdrücken, Zwiebel abziehen und mit der Nelke spicken, Möhre schälen. Bohnen bei schwacher Hitze 2 Stunden im Einweichwasser mit *bouquet garni* und Gemüse kochen.

2- In der Zwischenzeit die Hummer 5 Minuten in kochendes Wasser tauchen. Herausnehmen und von der Schale befreien. Den Corail (die cremige Substanz) mit einem Teelöffel aus dem Kopf herauslösen und mit der Butter vermengen. Butter und Hummerfleisch in den Kühlschrank stellen.

3- Das Öl in einem großen Topf erhitzen. Die Hummerschalen und -köpfe anbraten und 5 Minuten leicht Farbe annehmen lassen, dabei zerdrücken. Mit Wein ablöschen, Tomatenmark hinzugeben. 2 Schöpflöffel von der Kochflüssigkeit der Bohnen zugeben, mit Salz und Pfeffer würzen und die Hummerbrühe auf die Hälfte einkochen.

4- Die Brühe durch ein Sieb in einen anderen Topf gießen und die Schalen gut ausdrücken, damit nichts von dem Saft verloren geht. Unter Zugabe der Crème fraîche aufschlagen und 10 Minuten bei schwacher Hitze kochen. Backofen auf 170 °C vorheizen (Gas Stufe 2, Umluft 150 °C).

5- Estragon waschen, trockentupfen und hacken. Das Hummerfleisch in Scheiben schneiden. Bohnen in eine große irdene Form geben, Hummerscheiben und Estragon dazugeben. Umrühren und abschmecken.

6- Die Hummercreme aufkochen und unter Zugabe der Corailbutter aufschlagen. Die Sauce über die Bohnen geben, mit Semmelbrösel bestreuen und 15 Minuten bei 180 °C backen (Gas Stufe 2–3, Umluft 160 °C). Heiß servieren. Das *cassoulet léger de homard à l'estragon* sollte noch am selben Tag verzehrt werden. Die Bohnen schmecken besonders gut, wenn man sie in der Sauce leicht zerdrückt.

Cassoulet mit Stockfisch

Schenkt man den Angehörigen der Cassoulet-Gilde Glauben, so hat es immer schon *cassoulet de morue* gegeben. Der Stockfisch wird anstelle von Confit verwendet.

1- Am Vortag den Stockfisch 10 Stunden wässern und dabei alle 2 Stunden das Wasser erneuern (aus Gründen der Zeitersparnis kann man auch in Salz eingelegtes Kabeljau-filet verwenden, das nur 2 Stunden gewässert werden muss).

2- Am nächsten Tag die Bohnen 2 Stunden in kaltem Wasser einweichen. Knoblauch in der Schale zerdrücken, die Zwiebel abziehen und mit der Gewürznelke spicken, die Möhre schälen. Bohnen 2 Stunden im Einweichwasser mit *bouquet garni*, der Schwarte und dem Gemüse kochen. Den Stockfisch in 6 Stücke zerteilen. Backofen auf 170 °C vorheizen (Gas Stufe 2, Umluft 150 °C).

3- Eine große Form mit den restlichen Schwarten auskleiden. Darauf abwechselnd Bohnen und Fisch schichten, jede Schicht mit wenig Pfeffer würzen und zuoberst eine Schicht Bohnen geben. Den in Scheiben geschnittenen Bauchspeck darüber verteilen und mit etwas Kochsaft übergießen. Semmelbrösel darüber streuen und 30 Minuten im Ofen garen. Wenn sich eine schöne Kruste gebildet hat, ist das Cassoulet servierbereit.

Für 6 Personen
Vorbereitung: 30 Minuten
Wässern und Einweichzeit:
12 Stunden
Garzeit: 2 Stunden 30 Minuten

Zum Garen der Bohnen
900 g weiße Bohnen
2 Knoblauchzehen
1 Zwiebel, 1 Gewürznelke
1 Möhre
1 *bouquet garni* (siehe S. 14)
200 g Schwarte

Zum Garen des Stockfisches
1 kg gesalzener Stockfisch
200 g Schwarte. Pfeffer
200 g geräucherter Bauchspeck
2 gehäufte EL Semmelbrösel

Confit im Gers

Das Gold der Region ist *foie gras*, Gänse- und Entenstopfleber. Was aber geschieht mit dem Übrigen von Gänsen und Enten? Auf jedem Bauernhof hat man gelernt, alles Verwertbare zu verarbeiten und nichts zu verschenken. Schenkel und Flügel werden in Salz eingelegt und anschließend im Schmalz gegart. Die Popularität der südwestlichen Küche hat den Rest besorgt.

Rechts oben

In wohliger Wärme und mit Maisbrei gefüttert, findet man Entenküken auf allen Farmen des Südwestens.

Rechts unten

In Monteils hat Jacky Carles um die Erlaubnis gekämpft, seine Confits auch weiterhin in Kupferkesseln herzustellen. Mit Unterstützung von Professoren der Universität von Toulouse hat ihm die Europäische Kommission eine Ausnahmegenehmigung erteilt, soll doch Kupfer in sehr schwacher Dosis der Gesundheit zuträglich sein.

Eine Gans, drei Enten, in einen Korb gestopft oder unter den Arm geklemmt, Geflügel, das mit umwickelten Köpfen und durchnummeriert wie vormals Jagdtrophäen herunterbaumelt. Es herrscht Hochbetrieb an der Waage unter der Neonbeleuchtung der renovierten Markthalle, kurz vor Jahresende, der Hauptsaison für den *Marché au gras* in Samatan, einem Dorado für Liebhaber von Confits, *foie gras* und anderen Geflügelteilen. Fünfzehn Tonnen Gerippe und eineinhalb Tonnen Stopfleber, zuweilen in einem einzigen Durchgang verkauft.

Markttag in Samatan

Das Ritual ist immer das Gleiche. Dieser Handel ist eine seriöse Angelegenheit, reglementiert, konzentriert, genau eingeteilt. Die Verkäufer – vornehmlich kleine Geflügelzüchter aus der Umgebung – kommen gegen sieben Uhr und haben dann zwei Stunden Zeit, ihre bereits gerupften und ausgenommenen Tiere auf Gestellen auszulegen. Kein Schnickschnack, kein Preisschild: Der Kenner weiß zu unterscheiden. Um Punkt neun Uhr dreißig öffnen sich die Pforten, und der Betrieb beginnt.

Da trifft man die, die erst im letzten Moment zuschlagen, die es eilig haben, die feilschen. Zu letzteren zählen auch Restaurantbetreiber oder Geflügelhändler, häufiger handelt es sich um Durchschnittsbürger. Sie kommen aus Toulouse oder Auch, aus Montauban, von überall her aus dem weiten Südwesten, der wie eine Standarte diese Kultur der Gänse und Enten und der mittelalterlichen Städte teilt, die im rechten Winkel um einen einzig wahren Tempel erbaut sind – den Markt. Sie halten die Erinnerung an die Schwelgereien jener Tage hoch, da die Eltern auf dem Hof ihres bäuerlichen Anwesens Confit zubereiteten. Selbst als Städter gönnen sie sich weiterhin diese schmackhaften Schmortöpfe. Die Confits konkurrieren mit den großmütterlichen Konfitüren. Weckgläser haben Kupferkessel und Steingut abgelöst, aber dennoch: Es ist ihr Sonntag auf dem Land, der bei der Heimkehr aus Samatan vor sich hin schmoren wird.

»Marchés au gras finden täglich statt in einer Stadt im Gers, aber montags bleibt Samatan, wie man hier sagt, einer der lebendigsten Plätze des gesamten Südwestens.«

Entenconfit

Für 6 Personen
Vorbereitung: 10 Minuten
Salzen: 24 Stunden
Garzeit: 5 Stunden

2 EL Pfefferkörner
200 g Meersalz
6 Entenschenkel
1,5 kg Entenschmalz
(ersatzweise Gänseschmalz)
1 Knoblauchzehe

1- Am Vorabend die Pfefferkörner zerstoßen und mit dem Salz mischen. Die Entenschenkel in eine große Form legen und mit dem Salz-Pfeffer-Gemisch bedecken. Die Form mit Folie fest verschließen und 24 Stunden kühl stellen.

2- Die Entenschenkel vom Salz befreien und mit einem Tuch abputzen. Schmalz in einem großen Schmortopf erhitzen, die Entenschenkel in das Schmalz legen und 5 Stunden bei schwacher Hitze garen lassen, ohne umzurühren. Das Schmalz darf nicht sieden.

3- Die gegarten, zarten Entenschenkel in eine große Schüssel geben. Sollen sie für einen längeren Zeitraum konserviert werden (bis zu 3 Monate), bedeckt man sie mit dem Bratfett und bewahrt sie im Kühlschrank auf.

4- Vor dem Verzehr werden die Entenschenkel in einer Pfanne mit einer in der Schale zerdrückten Knoblauchzehe erhitzt, bis sie leicht Farbe annehmen. Das goldgelbe und knusprige *confit de canard* mit gebratenen Steinpilzen und Bratkartoffeln servieren.

Oben
Wie anderswo Schafe oder
Kühe, haben die Gänse
auf den Weiden des
Südwestens freien Auslauf.

Rechte Seite, links
Confits bei Jacky Carles,
Konservenfabrikant.

Rechte Seite, rechts
Aus Steingut oder Ton –
Confittöpfe, die einstmals
zur Aufbewahrung von
eingelegtem Fleisch
dienten, werden immer
seltener.

»Es ist nicht weiter schwer, gute Confits zuzubereiten, sofern man gute Zutaten hat«, meint ein Lehrerehepaar aus der Gegend von Toulouse, das einmal im Monat zum Aufstocken seiner Vorräte hierher kommt. »Man salzt die Stücke abends gut ein, und tags darauf braucht man sie nur noch im Schmalz zu schmoren. Und wieder aufwärmen kann man das Ganze schneller als ein Beefsteak braten. Außerdem ist der Kilopreis günstiger.« Eine gute Sache, zumal nichts verloren geht. Die Fleischstücke kommen in den Gefrierschrank, um später einmal auf dem Grill zu landen. Die Flügel und Endstücke der Schenkel wandern ebenfalls ins Schmalz, das zum täglichen Kochen verwendet wird …

Antike Rituale

Um halb elf erneutes Gedränge: Der Markt für Leber ist soeben eröffnet worden. Confits und *foie gras* gehören im Südwesten zusammen. Ohne Rücksicht auf Kalorien ist beides nur allzu häufig auf einem Tisch und zu ein und derselben Mahlzeit zu finden. Aber vor allem leitet sich das Eine vom Anderen her. Ein Confit, das seinen Namen verdient, kann nur mit einer fetten Gans oder Ente zubereitet sein – die Voraussetzung dafür, dass das Fleisch auf der Zunge zergeht, flaumig weich ist, dass es sich bei der ersten Berührung mit der Gabel vom Knochen löst und

sich mit seinen Blutsbrüdern vermischt, den Kartoffeln vom Typ »Sarladaises« oder »Landaises«, die mit Knoblauch (selbstredend aus Lautrec) und Petersilie gekocht werden.

Alles begann mit diesem durch nichts zu rechtfertigenden Hang der Landesfürsten für die Gänseleber (die reichen Römer ließen sich deswegen scharenweise Gänse zu Fuß aus Gallien kommen!) und mit dieser von den Ägyptern übernommenen und von den Römern perfektionierten Gepflogenheit, Gänse und Enten zu stopfen, um ihre Leber übermäßig zu vergrößern und weicher zu machen. Offenbar vollzog sich das Stopfen damals unter Zuhilfenahme von Getreide und Feigen, und dies hat in jüngster Zeit eine Hand voll Geflügelzüchter aus dem Gers auf eine Idee gebracht. Sie haben sich in den Kopf gesetzt, eine Ente ausschließlich mit Feigen hochzupäppeln und sie dementsprechend *figuigers* zu taufen. Ein Festmahl.

> »In meiner Kindheit war Stopfleber alles, was zählte. Seither hat sich vieles verändert.«

Im Mittelalter wird im Gers gestopft, aber auch in zahlreichen europäischen Provinzen. Wie die Stiche von Hansi zeigen, erhebt das Elsass das Stopfen sogar zu seiner Spezialität, und diese Region ist es auch, die lange das Monopol für *foie gras* an den bedeutenden Höfen Europas inne haben sollte. Aber während die einen mit stolzgeschwellter Brust herumlaufen, geht man in der Gascogne den Dingen auf den Grund. Da ist zunächst der Mais, der in den Laderäumen von Christoph Columbus aus Amerika mitgebracht wird und vom 18. Jahrhundert an das System von Land-

und Volkswirtschaft und die Ernährungsgewohnheiten der Region erschüttert. Ausschlaggebend ist dabei die Farbe: Das Korn soll weiß sein, damit die Leber ockerfarben wird. In der Folgezeit kommt es zur darauf abgestimmten Züchtung spezifischer Rassen – Graugänse, Barbarie- oder Bastard-Enten –, hervorgegangen aus heimischem Federvieh, ausgewählt nach der Befähigung, die Mast durchzustehen. Zu guter Letzt ist es der gesunde Bauernverstand, der die Parole ausgibt, nichts verkommen zu lassen. Daher die Verbreitung des Confit als lediglich weitere Konserve für Notzeiten.

Mehrmals im Monat füllt Denise Bégué in ihrem vorbildlichen Betrieb am Ende einer kleinen Straße, die sich immer wieder durch Maisfelder zieht, ihre Confits auf althergebrachte Weise in dickbauchige Gefäße. Jeden Morgen marschieren Gänse und Enten wie Schafe scharenweise auf die Wiese, und wenn die Zeit des Stopfens gekommen ist, greift Denise wiederum auf althergebrachte Methoden zurück: Unter Zuhilfenahme eines Trichters verabreicht sie den Tieren besten, reinen Mais. »Stopfen

ist eine Kunst für sich. Mein Mann kümmert sich um die Enten, ich kümmere mich um die Gänse. Wenn es heutzutage mehr gestopfte Enten als Gänse gibt, dann deshalb, weil bei Gänsen das Stopfen schwieriger ist. Man muss mit dem Tier auf Tuchfühlung sein und ganz behutsam vorgehen. Gänse vertragen keine Massenabfertigung.«

Lebensfreude

Das ist das Problem schlechthin. Denn seit sich *foie gras* sowie Confits als den Gipfel der französischen Gastronomie betrachten, wächst die Nachfrage stetig. In Gimont, im Herzen der Gascogne, versuchten die Betriebe der Comtesse du Barry, Tradition mit halb industrieller Herstellung und Haltbarmachung zu verbinden. 1908 gegründet, wurde die Marke zu einer der ersten, die ihre Produkte auf Märkten, Ausstellungen und durch Versandhandel in der gesamten Hexagone vertrieben. 1940 warb sie mit einer vielsagenden Reklame: Eine junge Frau träumt von ihrem Soldatenehemann an der Front. »Er kann unverhofft nach Hause kommen, haben Sie also immer eine echt französische Konserve vorrätig.« Das Rezept war gut: Wenige Jahre später ließen sich die Ducs de Gascogne nur einige Meter vom Sitz der Firma Comtesse nieder.

Auch Persönlichkeiten wie André Daguin gab es, ein Freund der Politik aller Schattierungen, der sich in seinem *Hôtel de France* für Geflügel und die gesamte Verarbeitung von Ente und Gans in der Küche stark machte. Auf dem Weg über seine Gänse- und Entenleber sowie seine Confits sind somit ein ganzer Landstrich und eine Küche zum Symbol eines pausbäckigen, heiteren Frankreich erhoben worden, für das jeder Bissen Lebensfreude beinhaltet.

Gänse- oder Entenleberconfit nach Art von Hélène Darroze

Für 6 Personen
Vorbereitung: 40 Minuten
Kühlzeit: 24 Stunden
Garzeit: 40 Minuten
Ruhezeit: 21 Tage

1 Stopfleber à 600 g
feines Salz
gemahlene Gewürzmischung aus
10 g Kardamom, 10 g Galgant, 8 g Zimt,
10 g Szechuan-Pfeffer (Anispfeffer),
7 g gemahlener Gewürznelke und
7 g gemahlener Muskatnuss
1 kg Entenschmalz

Für das Chutney
1 Mango
1 Ananas
2 Bananen
15 g frischer Ingwer
1 ungespritzte Limette
100 ml Reisessig
150 g brauner Zucker
2 Knoblauchzehen

Auch Stopfleber kann gebraten und im eigenen Fett konserviert werden. So jedenfalls wird sie von Hélène Darroze im gleichnamigen Pariser Restaurant im IV. Arrondissement zubereitet. Dadurch erhält die *foie gras* eine noch flaumigere Konsistenz und schmeckt intensiver.

1- Die Leber von Nerven befreien. 8 Gramm Salz und 6 Gramm Gewürze abwiegen. Leber innen und außen mit Salz und Gewürzen einreiben, in Folie wickeln und 24 Stunden im Kühlschrank ruhen lassen.
2- Am nächsten Tag Entenschmalz in einem großen Topf auf 80 °C erhitzen. Die Leber 10 Minuten in das heiße, aber nicht siedende Fett tauchen. Leber wenden und weitere 10 Minuten garen.
3- Die Leber auf ein Gitter setzen und darauf achten, dass sie nicht auseinander fällt. 2 Stunden in den Kühlschrank stellen. Leber in Folie wickeln und in eine Terrine legen. Das Bratfett darüber geben und 21 Tage kühl stellen.
4- Eine Woche vor dem Verzehr Mango, Ananas und Bananen klein würfeln. Ingwer schälen und hacken, Schale und Fruchtfleisch der Limette klein schneiden. Den Reisessig zum Kochen bringen, Früchte, Limette, Ingwer, Zucker und abgezogenen Knoblauch hinzugeben. 15 Minuten bei starker Hitze kochen. Das Chutney in ein Glas füllen und kühl stellen.
5- Die Leber vor dem Verzehr aus der Folie nehmen und in kleine, dicke Scheiben schneiden. Mit dem Chutney und geröstetem Landbrot servieren.

Birnenconfit mit Honig

Für 6 Personen
Vorbereitung: 30 Minuten
Garzeit: 45 Minuten

3 Birnen
350 g Würfelzucker
3 Vanilleschoten
200 g flüssiger Honig

Auf ähnliche Weise lassen sich auch Früchte, Gemüse und Gewürze in Zucker kochen und einlegen.

1- Die Birnen schälen und der Länge nach halbieren; darauf achten, dass an jeder Hälfte ein Teil des Stängels stehen bleibt. Kerngehäuse entfernen und Birnen unter kaltem Wasser abwaschen. Die Würfelzucker in 500 Milliliter Wasser aufkochen. Die Birnen in den Sirup legen, und bei schwacher Hitze 20 Minuten garen. Backofen auf 160 °C vorheizen (Gas Stufe 1–2, Umluft 140 °C).
2- Die Vanilleschoten der Länge nach aufschneiden und das Mark herausstreichen. Den Honig in einem kleinen Topf erhitzen, das Vanillemark 1 Minute unterrühren und den Topf vom Herd nehmen.
3- Die Birnen in eine irdene Form geben, den Vanillehonig darüber gießen und die Form 15 Minuten in den Ofen stellen; dabei immer wieder mit dem Honig übergießen. Birnen aus dem Ofen nehmen und einige Minuten ruhen lassen. Die lauwarmen *confit de poires au miel* mit einer Kugel Vanilleeis anrichten und mit Honigsirup überziehen.

Poule au pot im Béarn

Heinrich IV., der seinen Untertanen jeden Sonntag ein »Huhn im Topf« versprach, hat dieses Federvieh zum Nationalsymbol erhoben und ihm gleichzeitig seine eigene Herkunft zugewiesen. Fortan nämlich war *poule au pot* eine Sache des Béarn. Gewiss, in Pau versteht man sich darauf, sie zuzubereiten. Mit oder ohne Reis ist gefülltes Huhn nach wie vor ein Festtagsschmaus.

Rechts
Hier haben sich zwei ausgesucht prächtige Exemplare gefunden, schön fett und gefestigt genug, um mehrere Stunden Schmorzeit bei schwacher Hitze zu überstehen.

Die ganze Woche über ist Georges Lacrampe, einer der letzten Geflügelhändler im Béarn, unterwegs. Die Täler von Aspe und Ossau kennt er wie seine Westentasche. Er zieht von Hof zu Hof, von Dorf zu Dorf, ein Hausierer auf der Suche nach einer schönen fetten Henne, die ihr Leben lang auf dem Hof herumgescharrt hat, am Wegesrand und auf dem Misthaufen. Solche Hühner aufzutreiben, gestaltet sich im Béarn äußerst schwierig.

Von gestern bis heute …
Sind die Anhänger dieses sagenumwobenen und nur den geduldigsten Köchen vorbehaltenen Gerichts wirklich so zahlreich, dass der Bedarf nicht gedeckt werden kann? Jedenfalls ist die heutige Situation eine ganz andere als damals, zu Zeiten von Lacrampes Vater, der auch schon diesen Beruf ausübte. »In meiner Jugend gab es auf jedem Bauernhof Hühner. Sussex-Hühner, schneeweiß, mit ein paar schwarzen Tupfen, Faverolles, Viandottes, die ein schönes gelbes Fleisch haben. Man transportierte sie lebend, in Käfigen. Ein harter Beruf.« Heute

hat die Nachfrage in der Tat nachgelassen. In erster Linie sind es noch Restaurants und Landgasthäuser, die bei den ersten Winterfrösten die Tradition aufrechterhalten. Aber wie die Hühnerställe – prächtig aus Holz mit Hängebalkons zur Abschreckung der Füchse – immer häufiger leer stehen, bleibt auch die Marktlage angespannt.

> »Es war ein hartes Brot. Die Leute wollten sich die lebenden Hühner selbst aussuchen und zwangen einem noch dazu ihre Gesetze auf. Nicht selten mussten wir sie an Ort und Stelle rupfen, um sie zu verkaufen.«

»Ich bereite *poule au pot* nur auf Bestellung zu; im Winter allerdings habe ich Gruppen, die jede Woche herkommen, aus der gesamten Region«, erzählt Maryse Biscar in ihrem Landgasthof in Arbus, nicht weit von Pau. »Es ist ein Gericht, das einen in Erinnerungen schwelgen lässt. Viele ältere Leute fühlen sich in ihre Jugend zurückversetzt.« Ein Gericht, das man am besten im entsprechenden Rahmen genießt, nämlich dort, wo die Hausmauern aus rund geschliffenen Steinen zusammengefügt sind, der quadratische Hof geschützt hinter einem pompösen schmiedeeisernen Gitterzaun liegt und ein Vorhang aus rankenden Glyzinien und nicht zuletzt eine Palme die Annehmlichkeiten des Atlantiks vor Augen rufen.

Gefülltes Huhn im Topf

Dies ist das klassische Rezept für die *poule au pot*, wie Bernard Coudouy in Laruns im Département Pyrénées-Atlantiques sie zubereitet. Dort findet alljährlich im Herbst ein Fest im Zeichen der *poule au pot* statt.

Für 6 Personen
Vorbereitung: 45 Minuten
Garzeit: 3 bis 4 Stunden, je nach Alter des Huhns

1 Suppenhuhn
Salz, Pfeffer
3 l Hühnerbrühe (auch gekörnte Brühe)
1 *bouquet garni* (siehe S. 14)
1 Stange Lauch
2 weiße Rüben
3 Möhren

Für die Füllung
3 Scheiben Brot
100 ml Milch
1 Schalotte
2 Knoblauchzehen
die Innereien des Huhns
3 Geflügellebern
1 Endstück von einem Landschinken
2 Eier
300 g Fleischbrät
1 Zweig Thymian
1 Lorbeerblatt
2 Stängel Petersilie

Für den Reis
1 Zwiebel
400 g geschälter Reis

Für die Tomatensauce
4 Tomaten
3 Schalotten
2 grüne Peperoni
2 Knoblauchzehen
50 ml Olivenöl

Für die helle Sauce
50 g Butter
50 g Mehl
750 ml Hühnerbrühe
2 Eigelbe
1/2 TL gemahlener Paprika

1- Für die Füllung das Brot in der Milch einweichen. Schalotte und Knoblauch abziehen. Innereien, Geflügellebern, Schinken, Schalotte und Knoblauch in einer Küchenmaschine klein hacken. Die Eier und das ausgedrückte Brot hinzugeben, mit Salz und Pfeffer würzen und so lange zerkleinern, bis eine fast homogene Masse entsteht.

2- Die Füllung mit dem Fleischbrät vermengen. Das Huhn mit Thymian, Lorbeer und Petersilie auskleiden, die Füllung hineingeben und die Öffnung mit Zwirn zunähen.

3- Die Brühe in einen Topf füllen und das Huhn hineinlegen. *Bouquet garni* hinzugeben, mit Pfeffer und Salz würzen und 3 Stunden bei schwacher Hitze garen. Den Lauch waschen und putzen, die Rüben und Möhren schälen. 1 Stunde vor Ende der Garzeit des Huhns Gemüse in den Topf geben. Wenn das Huhn gar ist, Topf vom Herd nehmen und Huhn im Kochsaft ruhen lassen.

4- Für den Reis das Fett von der Brühe abschöpfen und in einem Topf 3 Minuten mit der abgezogenen und gehackten Zwiebel erhitzen. Den Reis hineingeben und umrühren. 20 Minuten garen lassen und immer wieder mit Brühe ablöschen, bis der Reis aufquillt. Mit Salz und Pfeffer würzen.

5- Während das Huhn kocht, sämtliche Zutaten für die Tomatensauce klein schneiden, im Olivenöl anbraten, mit Salz und Pfeffer würzen und 2 Stunden bei schwacher Hitze einkochen.

6- Die helle Sauce unmittelbar vor dem Auftragen zubereiten. Die Butter erhitzen, das Mehl mit einem Holzlöffel einrühren. Mehlschwitze vom Herd nehmen, mit Hühnerbrühe ablöschen und unter kräftigem Schlagen erneut erhitzen. Wenn die Sauce sämig wird, mit Salz und Pfeffer würzen. Den Topf vom Herd nehmen, Eigelbe und Paprika hinzugeben und erneut kräftig schlagen.

7- Das zerteilte Huhn mit der Füllung, dem Reis und dem Gemüse auf einer großen Platte servieren und dazu beide Saucen reichen.

... ein Gericht, das Erinnerungen weckt

Ist *poule au pot* demnach typisch für Béarn? Nicht ganz. Die Idee, Hennen im vorgerückten Alter im Topf verschwinden zu lassen, ist weit verbreitet. Da gibt es die *poule au pot gasconne*, *vendéenne*, ja, sogar *parisienne*. Heißt nicht eines der ältesten Restaurants in Les Halles *Poule au Pot*? Selbst eine raffinierte Küche wie die von Escoffier oder Pellaprat hat sich dieses so typisch französischen Gerichts angenommen und die strengen Richtlinien für die »Poularde an Reis mit Sauce suprême« entwickelt.

Im Béarn liegen die Dinge jedoch anders. Zum einen weil man hier seit vier Jahrhunderten über erstklassiges Futter für Legehennen verfügt, wodurch das Fleisch seine schön gelbe Farbe bekommt: Mais. Nicht ein Maisgemisch, wie es seit 1960 vertrieben wird, sondern eben jener Mais, den die Konquistadoren im Laderaum ihrer Karavellen aus Amerika mitbrachten. Und dann wäre da natürlich Heinrich IV. Der König wurde hier geboren, sein Schloss befindet sich in Pau, am Ende der Promenade des Pyrénées, und er ist die Lichtgestalt dieser Stadt. Mit seiner Thronbesteigung verlieh Heinrich IV. der *poule au pot* seiner Kindheit nationale Bedeutung, kraft einer Formel, die durch Hardouin de Péréfix, Bischof von Rodez,

in einem 1664 erschienenen Buch belegt ist: »Mit Gottes Beistand werde ich dafür sorgen, dass es in meinem Königreich keinen einzigen Arbeiter gibt, der es sich nicht leisten könnte, ein Huhn in seinem Topf zu haben.«

Das Huhn und seine Variationen

Die alten Béarnaiser allerdings haben dieses Sonntagsgericht als samstägliche Gepflogenheit in Erinnerung. Denn das Hühnchen, in verfeinerter Weise zubereitet, hat nach und nach den Platz der als zu rustikal verschrienen Legehenne an den Festtagstafeln eingenommen. Heute schlägt besagte Henne zurück: Ihre aufwändige Zubereitung hat sie wieder in den Rang der königlichen Gerichte erhoben, und ihr Kilopreis liegt weitaus höher als der für Hühnchen.

Jedes Haus hat sein eigenes Rezept: Neben Gemüse – je nach Jahreszeit Möhren, Kartoffeln oder weiße Rübchen, die Bestandteile für den Fond – gibt es zahlreiche Variationen. Manche Köche bereiten gefüllten Kohl dazu, andere würzen die Brühe mit gewürfeltem Bauchspeck, wiederum andere geben Tapioka bei, Fadennudeln oder »Japanperlen«. Zu guter Letzt sind da auch noch die, die sich für Reis entscheiden und darauf verweisen, dass Heinrich IV. und Sully den Reis populär gemacht haben und es nichts Besseres gibt als den mit kleinen Zwiebelchen in der Hühnerbrühe mitgekochten Reis, der durch das Fett wie Perlmutt glänzt.

Die Saucen zum Geflügel liefern ebenfalls Kontroversen. Für manche müssen sie unabänderlich rot sein und dürfen nur aus Tomaten bestehen, verfeinert mit einem Schuss Öl. Andere geben sich mit einer Vinaigrette zufrieden. Wiederum andere schwören auf eine leichte, helle Sauce. Die Weisesten lassen alle drei gelten. In Laruns, am Eingang des Vallée d'Aspe, kurz vor den Pyrenäen, ist Bernard Coudouy vom Restaurant *Arrégalet* einer der glühendsten Verteidiger der *poule au pot*. Er füllt das Huhn mit Bergschinken, hergestellt von seinem Bruder, der Metzger ist, und näht es mit der dicken schwarzen Nadel zu, die ihm seine Großmutter hinterlassen hat. Übrigens wurde er ausgerechnet von gaskognischen Nachbarn als *coq-chevalier* in den »Orden des gefüllten Huhns« aufgenommen, von einer Bruderschaft mit Sitz in Moissac, Tarn-et-Garonne ...

Geflügelterrine mit Estragon

Am Vorabend können Reste eines gekochten Huhns oder eines Fleischeintopfes zu dieser *terrine du pot infusée à l'estragon* verarbeitet werden.

Für 8 Personen
Vorbereitung: 30 Minuten
Garzeit: 3 Stunden 45 Minuten
Kühlzeit: 12 Stunden

1 Bresse-Poularde à 2 kg, küchenfertig
4 Möhren
4 weiße Rüben
2 Stangen Lauch, jeweils das weiße Ende
1 Zwiebel
1 Gewürznelke
1 *bouquet garni* (siehe S. 14)
grobes Salz, Pfeffer
3 l Hühnerbrühe
12 Blätter Speisegelatine
1 Bund Estragon
2 EL Madeira

1- Die Poularde 1 Minute in einen Topf mit kochendem Wasser tauchen, herausnehmen und mit kaltem Wasser abspülen.

2- Die Möhren und Rüben schälen und in große Stücke schneiden. Den Lauch längs bis zum Ansatz spalten, unter kaltem Wasser abspülen und quer halbieren.

3- Die Zwiebel abziehen und mit der Nelke spicken. Die Poularde mit Zwiebel und *bouquet garni* in einen Topf geben. Eine Hand voll grobes Salz darüber streuen, die Brühe zugießen und das Ganze 3 Stunden 30 Minuten bei schwacher Hitze garen.

4- Eine Stunde vor Ende der Garzeit das Gemüse hinzugeben. Gemüse und Poularde aus dem Topf nehmen und die Brühe auf die Hälfte einkochen. Topf vom Herd nehmen und das Bund Estragon 20 Minuten in der Brühe ziehen lassen. Währenddessen die Poularde entbeinen.

5- Die Gelatine in etwas kaltem Wasser einweichen. 1,5 Liter Brühe in einen Topf geben. Estragon hinzugeben, untermixen und die Brühe durch ein Sieb gießen. Gelatine ausdrücken und mit dem Madeira in die Brühe rühren. Abschmecken.

6- Eine Porzellanterrine mit Klarsichtfolie auslegen. Einen Schöpflöffel von dem aufgelösten Gelee in die Form füllen und den Boden mit Gemüse und Geflügelteilen bedecken. Erneut Gelee zugeben und den Vorgang wiederholen, bis sämtliche Zutaten verbraucht sind. Die Terrine eine Nacht lang im Kühlschrank fest werden lassen.

7- Terrine aus der Form nehmen, mit einem elektrischen Messer aufschneiden und mit einer Walnuss-Vinaigrette servieren.

Variante

Anstelle der Poularde kann auch Geflügelbrust von Freilandtieren verwendet werden. Sie wird zusammen mit dem Gemüse etwa 45 Minuten gegart, in kleine Stücke geschnitten und wie beschrieben in die Form geschichtet.

Huhn à la béarnaise nach Art von Gérard Vié

Der Erfinder dieses Rezeptes ist der sternengekrönte Küchenchef vom Restaurant *Les Trois Marches* in Versailles. Er ist ein Kenner der alten Küche und Autor eines Buches über königliche Tafeln (*À la table des roi*, Éditions Art Lys).

1- Die halbe weiße Zwiebel und die Schalotten abziehen und hacken. Knoblauch abziehen und zerdrücken. Bayonne-Schinken und Geflügellebern klein hacken. Alle Zutaten mit dem Schweinefleisch und dem 4-fach zerteilten Zweig Estragon vermischen. Die Füllung in das Geflügel geben und die Öffnung zunähen. Die Beine mit Küchengarn umwickeln.

2- Die 2 übrigen Zwiebeln abziehen und mit den Gewürznelken spicken. Das Gemüse waschen und putzen. Das Huhn in einen Kochtopf setzen und mit Wasser bedecken. Zwiebeln, 1 große Hand voll Meersalz und rohen Schinken hineingeben und langsam zum Kochen bringen. Aufsteigenden Schaum und andere Bestandteile, die an die Oberfläche kommen, ständig abschöpfen. Das Gemüse zum Huhn geben und das Ganze 2 Stunden bei schwacher Hitze garen lassen.

3- Das Huhn und den Schinken vor dem Auftragen in 8 Teile zerlegen und auf einer großen Servierplatte anrichten. Die Füllung in die Mitte geben und ringsum Gemüse und Beilagen verteilen, mit Salz und viel Pfeffer würzen und sehr heiß mit einer Schüssel Brühe servieren.

Für 4 Personen
Vorbereitung: 40 Minuten
Garzeit: 2 Stunden

1/2 weiße Zwiebel
2 Schalotten
1 Knoblauchzehe
100 g Bayonne-Schinken
4 Geflügellebern
150 g Schweinefleisch (Bauch und Schulter)
1 Zweig Estragon
1 Suppenhuhn (Houdan-Huhn), küchenfertig
2 große Zwiebeln
2 Gewürznelken
4 Stangen Lauch, jeweils das weiße Ende
4 Möhren
4 weiße Rüben
1/2 Knollensellerie
grobes Meersalz
1 dicke Scheibe roher Schinken
Salz, Pfeffer

Pot-au-feu

Nicht nur Huhn wird zusammen mit Gemüse im Topf gegart, sondern auch Rindfleisch, Ente, Schwein oder Lamm.

1- 3 Liter Wasser in einen Kochtopf füllen. Fleisch und Knochen in das kalte Wasser geben. Erhitzen und 2 Minuten kochen lassen. Inhalt des Topfes in ein Sieb abgießen und unter kaltem Wasser abspülen.

2- Den Topf reinigen, 3 Liter Wasser einfüllen und erhitzen. Fleisch und Knochen erneut in das Wasser geben, eine Hand voll Meersalz, 1 Esslöffel Pfefferkörner und *bouquet garni* hinzugeben. 1 Stunde 30 Minuten bei schwacher Hitze garen.

3- Zwiebeln und Knoblauch abziehen. Lauch waschen, putzen und zusammenbinden. Möhren, Rüben und Sellerie schälen. Das Gemüse unzerkleinert in den Topf geben. Den *pot-au-feu* erneut 1 Stunde 30 Minuten kochen lassen. Die geschälten Kartoffeln 40 Minuten vor Ende der Garzeit hineingeben.

4- Die Brühe erkalten lassen und leicht abfetten. Vor dem Auftragen nochmals stark erhitzen, abschmecken und in Suppenschüsseln füllen. Gemüse und Fleisch auf einer tiefen Platte anrichten und mit scharfem Dijon-Senf, Cornichons und Meersalz (aus der Guérande) servieren. Die Brühe getrennt dazu reichen.

Für 8 Personen
Vorbereitung: 40 Minuten
Garzeit: 3 Stunden

500 g Rindfleisch (Nuss)
250 g Spannrippe
400 g Rindfleisch vom Bug
300 g Schulterstück vom Rind
1 kg Markknochen
grobes Meersalz und Pfefferkörner
1 *bouquet garni* (siehe S. 14)
2 Zwiebeln, 1 davon mit 2 Gewürznelken gespickt
1 Knoblauchzehe
2 Stangen Lauch
5 Möhren
5 weiße Rüben
1 Stange Staudensellerie
8 große Kartoffeln
Meersalz (aus der Guérande) und Pfeffer

Gemüse
à la basquaise

Zwiebeln, Tomate, milde Peperoni und ein wenig Knoblauch: Das ist die Grundlage der baskischen Küche seit Rückkehr der Konquistadoren aus Amerika. Mit diesem Fond gerät jedes Gericht zu einer Zubereitung »nach baskischer Art«: eine *piperade* (mit Rühreiern), das sonntägliche Huhn, ja selbst Thunfisch, sofern man in Saint-Jean-de-Luz wohnt.

Oben
Das Geheimnis einer guten *piperade*: Die Zutaten anbraten, keinesfalls kochen, und nicht anbrennen lassen.

Rechts
Rückkehr vom Fischfang nach Saint-Jean-de-Luz. Dieser kleine Thunfisch wurde mit der Angel gefangen.

Um es gleich vorweg zu nehmen: Die *basquaise* ist ein Kunstwerk. Alles dreht sich darum, die Zwiebeln, die in der Pfanne brutzeln, nicht zu kochen, aber auch nicht anbrennen zu lassen. Will man Hühnchen zubereiten, muss man es genau zu diesem Zeitpunkt dazugeben, damit es schön goldgelb wird und alle Aromen aufnimmt. Erst dann gibt man die abgezogene Tomate hinzu und lässt das Ganze lange bei schwacher Hitze garen.

In Ordiarp, einem Dorf in der Soule im Herzen des Baskenlandes, bereitet man die *basquaise* tagtäglich zu Hause zu. Mit einem Masthähnchen oder Eiern, Schinken aus der Gegend und Bauchspeck ergibt das eine *piperade*.

Zwiebeln, Tomaten und Paprika

Solange man in der Soule zurückdenken kann, hat man immer auf einer Ecke des Herds die *piperade* schmoren sehen, wenn nicht jeden, so doch jeden zweiten Tag. »Einwecken hat von jeher zum Leben auf dem Bauernhof gehört«, erklärt Michel Anso, Bürgermeister von Ordiarp und Gastwirt. »Gefäße, Flaschen mit Tomatensauce,

die man mit einer dünnen Schicht Öl bedeckt, damit sie luftdicht verschlossen waren, selbst Eier wurden früher in Konserven gepackt. Nach dem Krieg hatte sich ein Dosenverschließer im Dorf niedergelassen. Ich war damals noch ein Kind, und meine Mutter schickte mich mit den Büchsen hin …« Von da zu dem Schluss, dass die *piperade* ursprünglich aus der Soule stammt, bedarf es nicht viel. Michel hat, nebenbei bemerkt, mit dem Gedanken gespielt, in seiner Kommune eine Bruderschaft der *chevaliers de la piperade* ins Leben zu rufen …

> *»Vor allem darf man der Basquaise keine Gewalt antun. Man muss sie liebevoll behandeln.«*

Dieses Vorhaben sorgt in den übrigen Regionen des französischen Baskenlandes – Basse Navarre und Labourd – für Schmunzeln: Die Gemüsetrilogie, also Zwiebeln, Tomaten und Paprika, bildet im gesamten französischen Baskenland die Grundlage (zumindest in dieser Beziehung stellen die Pyrenäen eine Grenze dar; Spanien setzt auf andere Geschmacksrichtungen). Dieses gemeinsame Merkmal zeichnet sich durch jede Menge Variationen aus: In Soule gibt man Brotkrumen in die Sauce, um das Ganze zu binden, während man in der Gegend von Espelette mit scharfem, roten Peperoni nicht gerade geizt. In der entsprechenden Jahreszeit schrecken manche selbst vor Steinpilzen nicht zurück …

Basquaise

Für 6 bis 8 Personen
Vorbereitung: 30 Minuten
Garzeit: 20 Minuten

3 große Zwiebeln
2 Knoblauchzehen
8 milde grüne Peperoni (*piments d'Espelette verts*) oder ersatzweise
5 grüne Paprikaschoten
8 Tomaten
50 g Gänseschmalz
1 *bouquet garni* (siehe S. 14)
3 EL Olivenöl
Salz, Pfeffer

1- Die Zwiebeln abziehen und in dünne Scheiben schneiden, Knoblauch abziehen und zerdrücken, die Peperoni in kleine Stücke schneiden. Die Tomaten waschen, entkernen und das Fruchtfleisch grob hacken.

2- Das Gänseschmalz in einer Kasserolle erhitzen und die Zwiebeln darin anbraten. *Bouquet garni*, Knoblauch, Peperoni, Tomaten und Olivenöl hinzugeben, mit Salz und Pfeffer würzen und 20 Minuten bei schwacher Hitze kochen. Lauwarm servieren.

Wenn anstelle der frischen Peperoni Paprikaschoten verwendet werden, empfiehlt es sich, $1/2$ Teelöffel gemahlene Chillies (*piment d'Espelette*) hinzuzugeben, damit die *basquaise* pikanter wird.

Rühreier auf baskische Art

Die *piperade* kann mit dicken Scheiben Bayonne-Schinken serviert werden, der in Gänseschmalz ausgebraten und unmittelbar vor dem Verzehr auf der *piperade* angerichtet wird.

1- Die Petersilie waschen, trockentupfen und hacken. Die Eier in einer Schüssel verschlagen, mit Salz und Pfeffer würzen und die Petersilie hinzugeben.
2- Unmittelbar vor dem Auftragen das Gänseschmalz in einer Pfanne erhitzen und die verschlagenen Eier unter kräftigem Rühren hineingeben. Wenn sie zu stocken beginnen, die *basquaise* hinzugeben und 5 Minuten mit einem Holzlöffel wie Rühreier umrühren.
3- Die *piperade nature* oder auf Landbrot servieren, das zuvor mit Knoblauch eingerieben und geröstet wurde.

Für 6 Personen
Vorbereitung: 10 Minuten
Garzeit: 10 Minuten

^{1}/$_2$ Bund Petersilie
6 Eier
Salz, Pfeffer
30 g Gänseschmalz
900 g fertige *basquaise*

Huhn auf baskische Art

1- Mit Salz und Pfeffer gewürzte Hühnerschenkel im heißen Gänseschmalz anbraten.
2- Den Schinken hinzufügen, 200 Milliliter Wasser zugeben und die *basquaise* unterrühren. 45 Minuten unter häufigem Rühren bei schwacher Hitze kochen lassen und heiß servieren.

Variante
Auf die gleiche Weise kann man auch Thunfisch auf baskische Art, *thon basquaise*, zubereiten. Dazu benötigt man 6 Scheiben frischen Roten Thun à 180 Gramm. Die Garzeit verkürzt sich auf 15 Minuten.

Für 6 Personen
Vorbereitung: 40 Minuten
Garzeit: 45 Minuten

6 Hühnerschenkel
200 g Streifen Bayonne-Schinken
100 g Gänseschmalz
900 g fertige *basquaise*
Salz, Pfeffer

Nach dem Verlassen der Atlantikhäfen gelangten Peperoni in die Gemüsegärten im Landesinneren. Im Laufe der Jahrhunderte bekamen sie eine eigene Prägung. Sie wurden – durch menschliches Dazutun – länger und sind von mildem, nuancenreichem Geschmack. Diese Peperoni haben ihren Platz in einer großen Familie von annähernd zweitausend verschiedenen Arten. Die Gelehrten nennen sie *piment d'Anglet*, denn ehe Bayonne, Anglet und Biarritz immer mehr an bebauten Flächen einbüßten, war Anglet führend im Anbau von Gemüse. Hier nennt man die Peperoni schlicht und einfach Gartenpeperoni ... Was den *piment d'Espelette* anbelangt, der inzwischen unter AOC-Schutz steht, so sollte er etwa wie Pfeffer nur sparsam verwendet werden.

> »Die Basken, ob hier geboren oder von der anderen Seite, sind schon immer Seeleute und Abenteurer gewesen.«

Saint-Jean-de-Luz – eine Hommage an den baskischen Thunfisch

Durch eine Laune der Geschichte ist diese Pfefferschote inzwischen wieder aufs Meer zurückgekehrt. Denn wenn die alten Fischer sich eher daran erinnern, Thunfisch *en marmitako*, also gedünstet, gegessen zu haben oder einfach gebraten und mit einer Zwiebelsauce serviert, findet man *thon basquaise* in Saint-Jean-de-Luz inzwischen auf allen Speisekarten. In Wahrheit reflektiert das Bild einmal mehr die Seele des Baskenlandes und erinnert an die Nachkriegszeit, als der Thunfischfang Saint-Jean-de-Luz berühmt machte. Auf kleinen Booten drängte man sich den Sommer über zu zehnt oder fünfzehnt, um hinter dem Deich dem Thunfisch mit der Angel nachzustellen. Bei der Rückkehr bildeten die Seeleute eine Kette, um die silbrig glänzenden Fische auszuladen, die Fischhändler zahlten bar auf die Hand. Blaue Kähne lagen im Hafenbecken, und überall gab es Konservenfabriken, auf den Quais, in den Straßen von Ciboure gegenüber, in denen es nach Fisch roch und wo einen das Bimmeln der Anwerbebüros am frühen Morgen weckte. Alles in der Stadt drehte sich um Thunfisch. Das Baskenland hatte einen Schatz für sich entdeckt. Es gab keine größere Würdigung, als ihn, wie einstmals Hühnchen und Schinken, *à la basquaise* anzurichten.

Oben
Unweit von Arbonne baut Landwirt Charles Borda milde Peperoni, die so genannten *piments d'Anglet*, an. Diese Peperoni (die keine Paprikaschoten sind) bilden die Grundlage jedweder *piperade, die* etwas auf sich hält.

Rechts
Das Fest des Thunfisches in Saint-Jean-de-Luz. Alle Vereine der Stadt haben einen eigenen Stand und verkaufen gegrillten Thunfisch mit *Sauce basquaise*. Ein bereits dreißigjähriger Brauch.

Die zarte Blume Pfefferschote

Das Paradoxe daran ist, dass dieses Nationalgericht, das so bodenständig wie kaum ein anderes ist, über das Meer seinen Weg hierher fand. Gewiss, Knoblauch und Zwiebel zählen zu den ältesten in Frankreich angebauten Gemüsen. Die Tomate jedoch stammt aus Mexiko, woher sie Frankreich im 16. Jahrhundert erreichte. Und Pfefferschoten, besser bekannt als Peperoni, brachte Christoph Columbus mit, doch erst mit den darauf folgenden Reisen der Konquistadoren kamen sie auch in Umlauf. Also doch der spanische Einfluss? André Darraidou, glühender Befürworter von *piment d'Espelette*, der sogar so weit ging, die Fassade seines Hotels mit besagter Schote zu beranken, fegt jeden Zweifel hinweg: »Der Lauf der Dinge hat sich nicht davon aufhalten lassen, dass die Importeure von Peperoni Roblès oder Etcheverry hießen.«

Baskischer Thunfisch nach Grégoire Sein

Auf dem Markt (vor allem im Baskenland) fragt man den Fischhändler nach einem recht seltenen, birnenförmigen Stück vom Thunfisch, das aus dem Kopf oberhalb der Kiemen herausgelöst wird und sich für die Zubereitung dieses *thon basquaise nouvelle cuisine* hervorragend eignet.

Für 4 Personen
Vorbereitung: 35 Minuten
Garzeit: 40 Minuten

3 große Zwiebeln
6 Frühlingszwiebeln
2 Peperoni (*piments d'Espelette*)
3 Knoblauchzehen
einige Stängel glatte Petersilie
600 g Thunfischfilet
6 dünne Scheiben Bayonne-Schinken
6 EL Olivenöl
Salz, Pfeffer
2 Lorbeerblätter
1 EL Cidre-Essig

1- Die großen Zwiebeln abziehen. Die Frühlingszwiebeln samt Stängel waschen und putzen, Stängel abschneiden und beiseite stellen. Zwiebeln, Frühlingszwiebeln und Peperoni in dünne Scheiben schneiden. Knoblauch abziehen, Keim entfernen, Petersilie waschen, trockentupfen und hacken.
2- Das Thunfischfilet in 6 dicke Stücke schneiden. Jedes in eine Scheibe Schinken und anschließend in Aluminiumfolie wickeln.
3- 3 Esslöffel Olivenöl in einem Schmortopf erhitzen, Zwiebeln 2 Minuten darin anbraten, mit Salz und Pfeffer würzen. Lorbeerblätter hinzugeben und 10 Minuten bei schwacher Hitze bräunen. Die Stängel der Frühlingszwiebeln und die Peperoni hinzugeben und weitere 10 Minuten garen. Backofen auf 160 °C vorheizen (Gas Stufe 1–2, Umluft 140 °C).
4- Eine beschichtete Pfanne vorwärmen. Thunfisch in der Folie ohne Fett von allen Seiten anbraten und anschließend 5 Minuten in den Ofen stellen.
5- Die Folie entfernen, Thunfischstücke in den Schmortopf geben und bei schwacher Hitze 5 Minuten garen. Sie sollen innen noch roh sein. Thunfisch und Zwiebelmischung auf einer großen Servierplatte anrichten und warm stellen.
6- Unmittelbar vor dem Auftragen das restliche Olivenöl im Topf erhitzen, in der die Zwiebeln zubereitet wurden. Knoblauch im heißen Öl anbraten, mit Cidre-Essig ablöschen, 30 Sekunden kochen lassen und Petersilie hinzugeben. Die Mischung über Thunfisch und Zwiebeln geben und sofort servieren. Dazu passt ein Rotwein aus Irouleguy.

Marinierter Thunfisch

Eine *basquaise* schmeckt auch kalt köstlich, und Thunfisch wird häufig roh verzehrt. In diesem Rezept wird beides miteinander kombiniert.

1- Den Thunfisch in 24 dünne Scheiben aufschneiden (zu diesem Zweck wie ein Carpaccio leicht gefrieren) und im Kühlschrank aufbewahren. Paprika und Peperoni klein würfeln. Die Zwiebeln abziehen und hacken, Knoblauch abziehen und zerdrücken. Basilikum waschen, trockentupfen und grob hacken.

2- 50 Milliliter Öl in einer Schmorpfanne erhitzen, Zwiebeln, Knoblauch, Peperoni und Paprika darin anbraten. Mit Salz und Pfeffer würzen und bei schwacher Hitze 20 Minuten unter ständigem Rühren kochen. Wenn die Mischung gar ist, das Basilikum hinzugeben, abschmecken und das Ratatouille in einer Schüssel erkalten lassen.

3- Zitronensaft, Essig und restliches Olivenöl unter kräftigem Schlagen miteinander verrühren. Mit Salz und Pfeffer würzen.

4- 10 Minuten vor dem Servieren die Thunfischscheiben in eine große irdene Form geben. Mit der Marinade überziehen und 5 Minuten ruhen lassen.

5- Unmittelbar vor dem Auftragen eine Scheibe marinierten Thunfisch auf jeden Teller geben. Mit einem Löffel Ratatouille bestreichen, eine weitere Scheibe Thunfisch darüber legen und den Vorgang ein letztes Mal wiederholen. Als Vorspeise mit Kopfsalatherzen und frischen Kräutern servieren.

Für 6 Personen
Vorbereitung: 40 Minuten
Garzeit: 20 Minuten

500 g Roter Thunfisch
1 rote Paprikaschote
3 Peperoni (*piments d'Espelette*)
2 Zwiebeln
3 Knoblauchzehen
1 Bund Basilikum
100 ml Olivenöl
Salz, Pfeffer
Saft von 1 Zitrone
2 EL Sherry-Essig

Südwesten

Pays d'Oc

Gemüse-Fleisch-Suppe

Für 6 Personen
Vorbereitung: 30 Minuten
Einweichzeit: 2 Stunden
Garzeit: 2 Stunden

300 g weiße Bohnen
1 Schweinehachse
2 Möhren
3 Kartoffeln
1 Stange Lauch
1/2 Weißkohl
1 *bouquet garni*
(siehe S. 14)
Salz, Pfeffer
50 g Butter
50 ml Olivenöl
6 Scheiben geröstetes
Landbrot

1- Die Bohnen 2 Stunden in kaltem Wasser einweichen und im Anschluss 1 Stunde ohne Gewürze bei schwacher Hitze im Einweichwasser kochen. Währenddessen die Schweinehachse in einen Topf mit 1,5 Liter Wasser geben und 1 Stunde bei schwacher Hitze garen.
2- Die Möhren und Kartoffeln schälen und in dicke Scheiben schneiden. Den Lauch waschen, putzen und in dünne Ringe schneiden. Die gekochte Hachse zusammen mit Bohnen, Möhren, Kohl, Lauch und Kartoffeln in einen kleinen Kochtopf geben, mit dem Kochwasser der Hachse übergießen, das *bouquet garni* hinzugeben

und mit Salz und Pfeffer würzen. 1 weitere Stunde bei schwacher Hitze garen.
3- Den Topf vom Feuer nehmen, Butter und Olivenöl unter Rühren in die Suppe geben und abschmecken.
Die *ouillade* wird in zwei Gängen aufgetragen: Zunächst die Brühe, die auf Teller über geröstete Brotscheiben gegeben wird, und im Anschluss daran Gemüse und Fleisch. Sehr heiß servieren.

Arcachon-Becken

Austern mit Bratwurst

Für 6 Personen
Vorbereitung: 50 Minuten
Einweichzeit: 30 Minuten
Garzeit: 20 Minuten

80 g Schweinenetz (beim Metzger erhältlich)
30 g Trüffeln
400 g Fleischbrät
80 g Butter
250 ml Weißwein
24 Austern aus dem Arcachon-Becken

1- Das Schweinenetz 30 Minuten in kaltem Wasser einweichen, abtropfen lassen, trockentupfen und in 12 Stücke mit einer Seitenlänge von etwa 9 cm zerteilen.

2- Die Trüffeln klein hacken und mit dem Fleischbrät mischen. Kleine Häuflein der Mischung auf die Schweinenetze geben, die Ränder hochschlagen und verschließen.
3- Die Butter in einer Pfanne erhitzen. Die Würstchen in der heißen Butter anbraten, wenden und 5 Minuten garen, aber nicht bräunen. Mit Weißwein ablöschen und weitere 5 Minuten bei schwacher Hitze garen.
4- Die *crépinettes* abtropfen lassen und warm stellen. Die Austern öffnen und sich Stück für Stück *huître* mit einem Bissen *crépinette* und einem Schluck trockenen Graves-Wein munden lassen.

Périgord

Gänseleber nach Art des Périgord

Für 6 Personen
Vorbereitung: 20 Minuten
Einweichzeit: 12 Stunden
Kühlzeit: 20 Minuten
Garzeit: 1 Stunde

1 Gänsestopfleber von etwa 350 bis 400 g
100 g Trüffeln
1 Speckscheibe (oder
1 dünne Scheibe geräucherter Bauchspeck)
70 g Gänseschmalz
1 Zwiebel
2 Schalotten
1 EL Mehl
300 ml Weißwein

300 ml Hühnerbrühe
(auch gekörnte Brühe)
Salz, Pfeffer

1- Am Vortag die Stopfleber 12 Stunden in kaltem Wasser einweichen. Abtropfen lassen und trockentupfen. Mit Salz und Pfeffer würzen.
2- Am Zubereitungstag die Trüffeln in kleine Stifte schneiden, die Stopfleber damit spicken und die in ein Tuch gewickelte Leber 20 Minuten im Kühlschrank ruhen lassen. Backofen auf 120 °C vorheizen (Gas Stufe 1).
3- Die Stopfleber mit dem Speck umwickeln, mit 50 Gramm Gänseschmalz bestreichen und in Pergamentpapier wickeln. Das Paket mit Küchengarn zubinden und 40 Minuten im Ofen garen. Dabei regelmäßig mit dem Bratensaft übergießen.
4- Währenddessen die Zwiebel und Schalotten abziehen und in dünne Scheiben schneiden. Das restliche Gänseschmalz erhitzen und Zwiebel und Schalotten im heißen Schmalz anbraten. 5 Minuten bei schwacher Hitze kochen, das Mehl hinzugeben, umrühren und mit Weißwein und Brühe ablöschen. Mit Salz und Pfeffer würzen und 10 Minuten bei schwacher Hitze kochen.
5- Die Stopfleber aus dem Ofen nehmen und auf eine Servierplatte

legen. Sauce abschmecken, rings um die *foie gras d'oie* verteilen und das Gericht sehr heiß auftragen.

Walnusskuchen

Für 6 Personen
Vorbereitung: 20 Minuten
Garzeit: 40 Minuten

125 g Walnusskerne und
50 g zum Dekorieren
150 g weiche Butter und
etwas zum Ausfetten
5 Eier
300 g feiner Kristallzucker
125 g gemahlene Mandeln
2 EL Rum
80 g Mehl
50 g Puderzucker
1 EL bitteres Kakaopulver

1- Backofen auf 200 °C vorheizen (Gas Stufe 3–4, Umluft 180 °C). 125 Gramm Walnusskerne in einer Küchenmaschine zerkleinern. Die in kleine Würfel geschnittene Butter verschlagen und dabei stückweise Eier und den Zucker dazugeben.
2- Die Mandeln und gehackten Nüsse hinzugeben und erneut verschlagen, bis eine homogene Masse entsteht. Den Rum zugeben und das Mehl einrühren.
3- Eine Springform mit Butter ausfetten, den Teig hineinfüllen und 40 Minuten backen. Den goldgelben, festen *gâteau aux noix* aus dem Ofen nehmen und abkühlen

lassen. Aus der Form lösen und auf einen Teller legen, mit Walnusskernen dekorieren und mit Puderzucker und Kakao bestreuen.

Aquitaine

Entrecôtes mit Sauce bordelaise

Für 6 Personen
Vorbereitung: 30 Minuten
Garzeit: 1 Stunde

10 Schalotten
einige Stängel Petersilie
140 g Butter
1 Zweig Thymian
800 ml roter Bordeauxwein
Salz, Pfeffer
6 Entrecôtes

1- Den Holzkohlegrill anzünden und 45 Minuten brennen lassen, damit sich eine Glut bildet. Die Schalotten abziehen und in dünne Scheiben schneiden. Die Petersilie waschen, trockentupfen und hacken. 80 Gramm Butter in einer großen Kasserolle erhitzen, Schalotten und Thymian hineingeben und 10 Minuten bei schwacher Hitze anbraten, aber nicht bräunen. Mit Rotwein ablöschen und die Sauce auf ein Viertel einkochen. Den Topf vom Herd nehmen, die Sauce unter Zugabe der restlichen Butter aufschlagen und mit Salz und Pfeffer würzen.

2- Entrecôtes auf dem Grill anbraten und von jeder Seite 5 Minuten garen. Mit Salz und Pfeffer würzen, mit Petersilie bestreuen und auf eine Servierplatte geben. Mit der Sauce überziehen und auftragen.

Katalonien

Stockfisch auf katalanische Art

Für 6 Personen
Vorbereitung: 20 Minuten
Wässern: 24 Stunden
Garzeit: 1 Stunde

1 kg gesalzener Stockfisch (ersatzweise auch gesalzenes Kabeljaufilet, das nur 2 Stunden gewässert wird)
5 Anchovis
1 Zwiebel
3 Knoblauchzehen
4 Tomaten
500 g Kartoffeln
100 ml Olivenöl
1 *bouquet garni* (siehe S. 14)
250 ml trockener Weißwein
Pfeffer

1- Stockfisch und Anchovis 24 Stunden in kaltem Wasser wässern, dabei das Wasser möglichst oft erneuern.
2- Am Zubereitungstag die Zwiebel abziehen und in dünne Scheiben schneiden. Knoblauchzehen in der Schale zerdrücken, Tomaten waschen

und grob würfeln, Kartoffeln schälen und in Scheiben schneiden.
3- Das Olivenöl in einem Schmortopf erhitzen, Zwiebel, Knoblauch, *bouquet garni* und Anchovis hineingeben. Die Kartoffelscheiben und Tomaten darüber verteilen, den Weißwein und 250 Milliliter Wasser zugeben und 35 Minuten bei sehr schwacher Hitze kochen. Dabei gelegentlich umrühren.
4- Wenn die Kartoffeln gar sind, mit Pfeffer würzen, den in 6 Teile zerlegten Stockfisch in den Schmortopf legen und 20 Minuten im verschlossenen Topf kochen lassen. *Morue à la catalane* mit Beilage auftragen und mit dem Kochsaft überziehen.

Baskenland

Kalmare im eigenen Saft

Für 6 Personen
Vorbereitung: 30 Minuten
Garzeit: 1 Stunde 45 Minuten

2,5 kg Kalmare, küchenfertig
3 Zwiebeln
8 Knoblauchzehen
50 ml Olivenöl
1/2 TL gemahlene Chillies (*piment d'Espelette*)
1 *bouquet garni* (siehe S. 14)
Salz, Pfeffer

4 Tomaten
50 ml Tinte (in Feinkostgeschäften oder beim Fischhändler erhältlich)
500 ml Weißwein
einige Stängel Petersilie

1- Die Kalmare in 4 Teile zerlegen. Die Zwiebeln abziehen und hacken, Knoblauch abziehen und zerdrücken. Das Olivenöl in einem Schmortopf erhitzen. Zwiebeln unter ständigem Rühren im heißen Öl anbraten und goldgelb färben.
2- Kalmare, Knoblauch, Chillie und *bouquet garni* dazugeben. Mit Salz und Pfeffer würzen und 5 Minuten kochen. Die grob gewürfelten Tomaten hinzugeben, mit Tinte und Wein ablöschen und bei schwacher Hitze 1 Stunde 30 Minuten garen.
3- Wenn das Fleisch der Kalmare zart ist, Topf vom Herd nehmen, *chipirons à l'encre* abschmecken, die gehackte Petersilie hinzugeben und sehr heiß servieren.

Baskischer Kuchen

Für 4 Personen
Vorbereitung: 30 Minuten
Ruhezeit: 15 Minuten
Garzeit: 40 Minuten

100 g Mehl
1 TL Backpulver
Salz
35 g gemahlene Mandeln

1 EL Rum
4 Tropfen Bittermandelaroma
3 Eier
100 g feiner Kristallzucker
2 Päckchen Vanillinzucker
120 g weiche Butter
200 g Sauerkirschkonfitüre

1- Das Mehl in einer Schüssel mit Backpulver, einer Prise Salz, Mandeln, Rum und Bittermandelaroma vermengen.
2- In einer anderen Schüssel 2 Eier verschlagen, Zucker und Vanillinzucker hinzugeben und schaumig rühren. 100 Gramm in kleine Würfel geschnittene Butter einarbeiten und die Mehlmischung unterrühren. 15 Minuten ruhen lassen. Backofen auf 160 °C vorheizen (Gas Stufe 1–2, Umluft 140 °C).
3- Eine Springform von rund 20 cm Durchmesser ausfetten. Die Hälfte des Teigs einfüllen und glatt streichen. Eine dicke Schicht Konfitüre darübergeben, dabei einen Rand von 1 cm lassen.
4- Den restlichen Teig darüber geben, glatt streichen und die Oberfläche mit einem verschlagenen Ei bestreichen. Die *gâteau basque* 40 Minuten backen.

Adressen

Unter den nachstehenden Adressen kann man das eine oder andere Gericht derer, die uns ihre Küchengeheimnisse anvertraut haben, direkt verköstigen.

Olivier Rœllinger

(Rezept S. 15)
Les Maisons de Bricourt
Rue Du Guesclin
35260 Cancale
Tel.: 0033-2-99 89 64 76

Christian Constant

(Rezept S. 20)
Restaurant Le Violon
d'Ingres
135, rue Saint-Dominique
75007 Paris
Tel.: 0033-1-45 55 15 05

Jacques Thorel

(Rezept S. 34)
L'Auberge bretonne
2, place Du Guesclin
56130 La Roche-Bernard

Alain Passard

(Rezept S. 50)
L'Arpège
84, rue de Varenne
75007 Paris
Tel.: 0033-1-47 05 09 06

Émile Jung

(Rezept S. 68)
Le Crocodile
10, rue Outre
37000 Strasbourg
Tel.: 0033-3-88 32 13 02

Michel Bras

(Rezept S. 96)
Restaurant Michel Bras
Le Puech de Suquet
12210 Laguiole
Tel.: 0033-5-65 51 18 20

François Rongier

(Rezept S. 96)
Chalet du Col de Serre
15400 Le Claux
Tel.: 0033-4-71 78 93 97

Gaby

(Rezept S. 112)
Grand Bar des Goudes
Rue Désiré-Pellaprat
13008 Marseille
Tel.: 0033-4-91 73 43 69

Joël Passédat

(Rezept S. 117)
Le Petit Nice
Anse de Maldormé
13007 Marseille
Tel.: 0033-4-91 59 25 92

Madame Hugon

(Rezept S. 129)
Chez Hugon
12, rue Pizay
69001 Lyon

Dominique Le Stanc

(Rezept S. 137)
La Mérenda
4, rue de la Terrasse
06300 Nice
Keine Reservierungen.

Alain Llorca

(Rezept S. 140)
Restaurant le Chantecler
Hôtel le Négresco
37, promenade des Anglais
06000 Nice

Antoine Casanova

(Rezept S. 144)
Pâtisserie Casanova
6, cours Paoli
20250 Corte
Tel.: 0033-4-95 46 00 79

Dominique Toulousy

(Rezept S. 160)
Les Jardins de l'Opéra
1, place du Capitole
31000 Toulouse
Tel.: 0033-5-61 23 07 76

Hélène Darroze

(Rezept S. 168)
Restaurant Hélène Darroze
4, rue d'Assas
75006 Paris
Tel.: 0033-1-42 22 00 11

Bernard Coudouy

(Rezept S. 172)
L'Arrégalet
37, rue du Bourguet
64440 Laruns
Tel.: 0033-5-59 05 35 47

Gérard Vié

(Rezept S. 177)
Les Trois Marches
Hôtel Trianon Palace
1, bd de la Reine
78000 Versailles

Die nachstehenden Adressen sind keineswegs als gastronomischer Führer zu verstehen. Es handelt sich eher um eine Art Bestandsliste der im Zuge unserer Erkundungen immer wieder aufgetretenen angenehmen Überraschungen.

Hummer à l'armoricaine

L'ETRAVE
29770 Cléden-Cap-Sizun
Tel.: 0033-2-98 70 66 87

Seezunge auf normannische Art

LES ARCADES
1, arcade de la Bourse
76200 Dieppe
Tel.: 0033-2-35 84 14 12

À LA MARMITE DIEPPOISE
8, rue Saint-Jean
76200 Dieppe
Tel.: 0033-2-35 84 24 26

Bretonische Crêpes

CRÊPERIE TY-GWECHALL
4, rue Mellac
29300 Quimperlé
Tel.: 0033-2-98 96 30 63

LA TAUPINIÈRE
Croissant Saint-André
29930 Pont-Aven
Tel.: 0033-2-98 06 03 12

BISCUITERIE DE QUIMPER STIVELL
8, rue du Chanoine-Moreau
29000 Quimper
Tel.: 0033-2-98 53 10 13

Apfeltarte

LA BOURRIDE
15, rue Vaugueux
14000 Caen
Tel.: 0033-2-31 93 50 76

Muscheln mit Pommes frites

BRASSERIE AUX MOULES
34, rue de Béthune
59800 Lille
Tel.: 0033-3-20 57 12 45

HET BLAUWERZHOF
9, rue Eecke
59270 Godewaersvelde
Tel.: 0033-3-28 49 45 11

Überbackene Zwiebelsuppe

LA POULE AU POT
9, rue Vauvilliers
75001 Paris
Tel.: 0033-1-42 36 32 96
Die ganze Nacht über offen.

AU PIED DE COCHON
6, rue Coquillière
75001 Paris
Tel.: 0033-1-40 13 77 00
Täglich 24 Stunden geöffnet.

Sauerkraut

RESTAURANT CHEZ PHILIPPE
8, place de l'Église
67113 Blaesheim
Tel.: 0033-3-88 68 86 00

MAISON KAMMERZELL
16, place de la Cathédrale
67000 Strasbourg
Tel.: 0033-3-88 32 42 14

Bœuf bourguignon

HÔTEL-RESTAURANT DE LA POSTE
71600 Poisson
Tel.: 0033-3-85 81 10 72
Im südlichen Burgund.

Stockfisch

LE BEAUSÉJOUR
Le bourg
15340 Calvinet
Tel.: 0033-4-71 49 91 68

RESTAURANT DRUILHES
40, avenue Paul-Ramadier
12300 Livinhac-le-Haut
Tel.: 0033-5-65 63 35 65
Am Ufer des Lot.

RESTAURANT CARRIER
12300 Almon-les-Junies
Tel.: 0033-5-65 44 10 41

Die Küche der Auvergne: Kartoffel mit Käse und Eintopf

HÔTEL DE LA DOMERIE
12470 Aubrac
Tel.: 0033-5-65 44 28 42

BEL HORIZON
15800 Vic-sur-Cère
Tel.: 0033-4-71 47 50 06

L'AUBRAC
17, allée de l'Amicale
12210 Laguiole
Tel.: 0033-5-65 44 32 13
Jeden Sonntag die Zeremonie des Riesenaligots.

Bouillabaisse

LE MIRAMAR
12, quai du Port
13002 Marseille
Tel.: 0033-4-91 91 10 40

CHEZ FONFON
140, vallon des Auffes
13007 Marseille
Tel.: 0033-4-91 52 14 38

Fondue

AUBERGE DE LA CÔTE 2000
Route de la Côte 2000
74120 Megève
Tel.: 0033-4-50 21 31 84

Bresse-Huhn

GEORGES BLANC
Place du marché
01540 Vonnas
Tel.: 0033-4-74 50 90 90

RESTAURANT LA MAISON DU POULET DE BRESSE
Route départementale 875
71470 Romenay
Tel.: 0033-3-85 40 33 48
Ein preisgünstiges Lokal.

Pissaladière

CHEZ THERESA
Auf dem Markt am Cours
Saleya in Nizza.

Fiadone

U SCOGLIU
Marine de Cannelle
20217 Canari
Tel.: 0033-4-95 37 80 06
Atemberaubende Lage.

Cassoulet

HOSTELLERIE ETIENNE
1, chemin Saint-Jammes
11320 Labastide-d'Anjou
Tel.: 0033-4-68 60 10 08

Confit

JACKY CARLES
La Table paysanne
12200 Monteils
Tel.: 0033-5-65 29 62 39

MONSIEUR UND MADAME BÉGUÉ
Laoueillée
32120 Bajonnette
Tel.: 0033-5-62 06 84 39

LE BISTROT D'EN-FACE
24510 Tremolat
Tel.: 0033-5-53 22 80 69

Poule au pot

FERME-AUBERGE MARYSE ET ELIZABETH BISCAR
Rue de l'Église
64230 Arbus
Tel.: 0033-5-59 83 12 31

Sauce Basquaise

RESTAURANT OSTALAPIA
2621 chemin Ostalapea
64210 Ahetze
Tel.: 0033-5-59 54 73 79

HÔTEL-RESTAURANT LE GARAÏBIE
Françoise und Jean Anso
64130 Ordiarp
Tel.: 0033-5-59 28 18 85
Hausmannskost 6 Kilometer
von Ordiarp entfernt.

EUZKADI
64250 Espelette
Tel.: 0033-5-59 93 91 88

Rezeptregister

Aïoli mit Stockfisch 151
Aligot 93
Aligot nach Art
   von Michel Bras 96
Äpfel im Teig 42
Apfeltarte, normannische 39
Apfeltarte, überbackene 39
Artischocken mit Cidre 44
Austern mit Bratwurst 186

Baeckenofe 71
Basquaise 180
Birnenconfit mit Honig 168
Bœuf bourguignon 76
Bœuf en daube 150
Bouillabaisse
   à la marseillaise 112
Brandade de morue
   pommes vapeur 89
Brochet au bleu 107
Brot-Truffade aus
   dem Col de Serre 96
Buchweizensuppe 44
Bugnes 106

Calissons d'Aix 150
Casse-museau 42
Cassoulet 156
Cassoulet aux fèves de
   Dominique Toulousy 160
Cassoulet de morue 161
Cassoulet léger de hommard
   à l'estragon 160
Cassoulet mit
   Saubohnen nach
   Dominique Toulousy 160
Cassoulet mit Stockfisch 161
Cervelle de canut 106
Chipirons à l'encre 187
Chou farci 104
Choucroute 64
Choucroute de poisson 68
Clementinensoufflé
   mit Brocciu 148
Compressé
   de bouillabaisse 117
Confit de canard 164
Confit de poire au miel 168
Coq à la bière 70

Coq au vin 80
Côtes de veau
   à la normande 45
Crêpes, bretonische 28
Crêpes dentelles de Jacques
   Thorel 34
Crêpes, leichte, mit Zimt
   und karamellisiertem
   Honig 35
Crostini mit karamellisierten
   roten Zwiebeln 58
Cuisses de grenouilles
   poêlées et mille choux à la
   coriandre d'Émile Jung 68

Eier, pochierte, in Rotwein-
   Zwiebel-Sauce 106
Eier-Bouillabaisse 116
Eintopf aus
   der Auvergne 101
Eintopf, bretonischer,
   mit Teigeinlage 44
Entenconfit 164
Entrecôtes mit
   Sauce bordelaise 187
Estoficado 88
Estofinado 84

Far au prunaux 44
Fiadone 144
Fischterrine nach Art
   von Joël Passédat 117
Flammenküche 71
Foie gras d'oie à la
   périgourdine 186
Foie gras des landes
   confit aux épices douces
   d'Hélène Darroze 168
Froschschenkel
   und Sauerkraut mit
   Koriander nach Art
   von Émile Jung 68

Galette aus aligot mit in
   Enzianschnaps mariniertem
   Aubrac-Rindfleisch 93
Galettes, bretonische 28
Gänseleber nach Art
   des Périgord 186

Gänse- oder Entenleber-
   confit nach Art von
   Hélène Darroze 168
Gâteau aux noix 186
Gâteau basque 187
Geflügel-Langusten-
   Bouillabaisse 117
Geflügelterrine
   mit Estragon 176
Gemüse à la
   bourguignonne 80
Gemüse-Fleisch-Suppe 186
Gougères 106
Gratin, provenzalisches 151
Gugelhupf 71

Hecht blau 107
Huhn à la béarnaise nach
   Art von Gérard Vié 177
Huhn auf baskische Art 181
Huhn, flambiertes,
   mit Calvados 45
Huhn, gefülltes,
   im Topf 172
Huhn in Biersauce 70
Huhn in Rotweinsauce 80
Huîtres aux
   crépinettes 186
Hummer à l'armoricaine 14
Hummer, kleine,
   nach Art von
   Olivier Rœllinger 15
Hummer-Cassoulet
   mit Estragon 160

Kabeljausoufflé
   mit Walnussöl 89
Kalbskoteletts,
   normannische 45
Kalmare im
   eigenen Saft 187
Kartoffelsalat mit
   Pistazienwurst 106
Käsecreme 106
Käsecremesuppe
   mit Kartoffeln und
   geröstetem Brot 122
Käsefondue, Savoyer 122
Käsegebäck 106

Käseküchlein
   »Casanova« 144
Kastanienpolenta 150
Kig-ha farz 44
Kohl, gefüllter 104
Kohlsuppe 101
Kohlsuppe mit geräuchertem
   Schellfisch 104
Kouglof 71
Kouing amann 44
Kuchen, baskischer 187
Kuchen, bretonischer, mit
   getrockneten Pflaumen 44
Kuchenbrötchen 106
Kutteln aus Laguiole 107
Lauchfondue mit
   Sauce dieppoise 24

Makrelen in Weißwein
   oder Cidre 45
Marzipanschnittchen
   aus Aix 150
Meeresfrüchtesalat
   mit Vinaigrette 15
Migliacci »Casanova« 144
Morue à la catalane 187
Moules marinières et
   pommes de terre frites 50
Muscheln, frittierte,
   mit Kartoffelpüree 54
Muscheln nach Art
   von Alain Passard 50
Muscheln nach Matrosenart
   und Pommes frites 50

Œufs meurette 106
Omelett nach Art
   von Mère Poulard 45
Ouillade 186

Pannequets mit Käse 34
Pastete aus
   dem Limousin 107
Pâté limousin 107
Patranque
   du Col de Serre 96
Petits farcis 151
Pieds de porc
   Sainte-Menehould 69

Piperade aux œufs 181
Pissaladière 137
Pissaladière, Alain Llorcas,
  mit Meerbarben 140
Pissalat 137
Pot-au-feu 177
Potée auvergnate 101
Poularde à la crème 129
Poularde demi-deuil nach
  Art von Mère Brasier 132
Poularde, geschmorte, mit
  glasierten Schalotten 129
Poularde, pochierte,
  à la crème oder
  Sauce suprême 132
Poule au pot 172
Poulet vallée d'Auge 45

Quiche lorraine 70

Rotkohl mit Täubchen
  à la chinoise 69

Rührreier auf
  baskische Art 181

Sardellenpaste 137
Sardinen, gefüllte 150
Sauerkraut, elsässisches 64
Sauerkraut mit Fisch 68
Sauerteigkuchen,
  bretonischer 44
Schmorfleisch 150
Schweinefüße
  nach Art von
  Sainte-Menehould 71
Seezunge auf
  normannische Art 20
Seezungenfilets nach
  Diepper Art 24
Sole normande 20
Soupe au chou 101
Soupe de blé noir 44
Spitzen-Crêpes nach Art
  von Jacques Thorel 34

Stockfisch auf
  katalanische Art 187
Stockfisch aus Aveyron 84
Stockfisch aus Nizza 88
Stockfischpüree mit
  Salzkartoffeln 89

Tarte à l'oignon gratinée 59
Tarte au sucre 70
Tarte aux pommes à la
  normande 39
Tartelettes fines
  aux pommes
  râpées 42
Tartiflette 123
Terrine du pot infusée à
  l'estragon 176
Thon basquaise
  nouvelle cuisine
  de Grégoire Sein 184
Thunfisch auf baskische
  Art (Variante) 181

Thunfisch, baskischer,
  nach Grégoire Sein 184
Thunfisch, marinierter 185
Tian provençal 151
Tomaten, gefüllte,
  mit Sardellenpaste
  und Zwiebelfondue 140
Tomaten, Zwiebeln
  und Zucchini, gefüllte 151
Törtchen mit
  geriebenen Äpfeln 42
Tripoux de Laguiole 107
Truffade 93

Walnusskuchen 186
Waterzooï vom Huhn 70

Zuckerkuchen 70
Zwiebelkuchen,
  überbackener 59
Zwiebelsuppe,
  überbackene 58

Französisches Register

aligot 90, 94/95
anchoyade 138

baguette parisienne 60/61
Beaufort 118, 121
bigoudins 26
billig 26, 31
blé noir 31
bouchot 53
bouillepeis 115
braderie 48
brandade 82
Brocciu 142, 146/147
brousse 142
burons 90

caillette 139
canots 18
caquelon 124
cassole 154, 159
chapon 110, 142
chasse-marée 22
chou 66, 68, 102
choucroute 62, 66

coq-chevalier 174
crêpe complète 32
crêpe dentelle 31/32

doris 18
douillon 36

en marmitako 182
estofi, estofinado 8, 82, 87
estran 18

falcullela 146
figatelli 142
figuigers 166
foie gras 162, 166/167
fougasse 134, 138
fromage blanc 130
fruitières 121

galet 26
Glorieuses 126, 131
Gratinée des Halles 56
Gruyère, Greyerzer 56,
  60/61, 118, 121, 124

imbrucciata 146
Jeune Montagne 95

knacks 66

latte 26
lingot 154

Marché au gras 162
mongetada 158
moules-frites 48, 53

nombles 121

ola 98

pamiers 154
patranque 94
piments d'Espelette 178,
  182
piperade 8, 178
pissalat 134, 138/139
pompe 134, 138
pot-au-feu 60, 78/79, 98

potée 98, 102
potjevfleisch 48
poularde demi-deuil 126

Reblochon 124
rouille d'oursins 138
Route de la Choucroute 66
rozell 26

sarrasin 26, 31
sérac 121
socca 134
sole normande 18, 19, 22
sole dieppoise 19, 22/23
soupe à l'oignon 56
spannel 26

tarbais 154
Tartiflette 124
thon basquaise 182
Tomme 90, 94, 118, 146
truffade 90, 94/95

u pagholu 147

Danksagungen

**Jean-Louis André, Jean-François Mallet
und Jean-Daniel Sudres**

danken folgenden Lokalen für ihre wertvolle
Unterstützung: der Maison de l'Aveyron (46, rue
Berger in Paris, Tel.: 0033-1-42 36 84 63), dem Chalet
du Col de Serre in Le Claux, der Grand Bar des
Goudes in Marseille, Chez Hugon in Lyon, La poule
au pot in Paris, der Pâtisserie Casanova in Corte, der
Hostellerie Etienne in Labastide d'Anjou und dem
Hôtel de la Domerie in Aubrac. Ihr Dank gilt ferner
den Küchenchefs George Blanc, Michel Bras, Fun
Ching Chen, Hélène Darroze, Émile Jung, Alain
Llorca, Dominique Le Stanc, Alain Passard, Olivier
Rœllinger, François Rongier, Jacques Thorel,
Dominique Toulousy und Gérard Vié.

Der französische Verlag dankt allen, die zu diesem
Werk mit beigetragen haben, und besonders
Christelle Fucili und Constance André.

Die Fotografien von Jean-Daniel Sudres werden
von der Agentur Top-Rapho vertrieben. Die
Schwarzweißaufnahmen stammen von Michelle
Maurin und Ricardo Moreno.

Veröffentlicht mit Unterstützung des französischen
Kulturministeriums sowie des Bureau national du
Livre.

Impressum

Originaltitel: Cuisines des pays de France
Originalverlag: Éditions du Chêne, Hachette-Livre

Die Deutsche Bibliothek – CIP-Einheitsaufnahme

Ein Titeldatensatz für diese Publikation ist bei
der Deutschen Bibliothek erhältlich.

Besuchen Sie uns im Internet:
www.droemer-weltbild.de

Die Folie des Schutzumschlags sowie die
Einschweißfolie sind PE-Folien und biologisch
abbaubar. Dieses Buch wurde auf chlor- und
säurefreiem Papier gedruckt.

Copyright © 2002 by Éditions du Chêne,
Hachette-Livre
Copyright © 2002 der deutschsprachigen Ausgabe
bei Droemersche Verlagsanstalt Th. Knaur Nachf.,
München
Alle Rechte vorbehalten. Das Werk darf – auch
teilweise – nur mit Genehmigung des Verlages
wiedergegeben werden.

Übersetzung: Carola Bartsch
Umschlaggestaltung: H3A, München
Satz: Bernd Walser Buchproduktion
Druck und Bindung: Pollina à Lucon - n° L86998
Printed in France

ISBN 3-426-27295-4

5 4 3 2 1